개정판

일본어 한자쓰기

기초 420

오 미 영

제이앤씨
Publishing Company

개정판 머리말

일본어를 익히기 위해서는 한자 학습이 필수적입니다.

일본어 한자 학습은 우선 **한자를 일본어 표기 수단으로** 익히는 것입니다. 우리말에도 한자어가 많이 있지만 현재 우리말을 표기할 때 한자를 표기하지 않습니다. 더구나 초중고 교육과정에서 한자 학습을 충분히 하고 있지는 않기 때문에 일본어를 학습할 때 문자로서 한자를 익히는 것을 어렵게 느끼는 분이 많습니다. 또한 현대일본어를 표기할 때 사용하는 한자는 우리나라의 한자체와 다른 것도 많이 있습니다. 따라서 한자를 잘 아는 분이라고 해도 현재 일본에서 사용하는 한자를 다시 익힐 필요가 있습니다.

일본어 한자 학습의 두 번째는 **일본어의 한자 활용방식을** 익히는 것입니다. 우리말에서 한자는 음(音)으로만 활용됩니다. 그 한자가 가진 의미, 즉 훈(訓)은 학습의 과정에서 익혀서 이해에 도움을 받을 뿐입니다. 그러나 일본어에서는 한자가 적혀있을 때 음으로 읽기도 하고 뜻, 즉 훈으로 읽기도 합니다. 전자를 음독, 후자를 훈독이라고 부릅니다. 예를 들어 일본어에서「国」이라는 한자가 적혀 있다고 합시다. 이 한자를 어떤 때는「こく」, 어떤 때는「くに」라고 읽습니다. 전자가 음독을 한 것인데 다른 한자와 함께「国民」과 같은 단어로 쓰였을 때 음독을 합니다. 후자는 훈독으로 읽은 것입니다. '나라 국'이니까 '나라'에 해당하는 일본어 단어인「くに」로 읽은 것입니다.

이렇게 일본어 학습 과정, 특히 초급과정에서 한자 학습은 큰 비중을 차지합니다.

이 책에는 기초 중인 기초 한자 420자를 담았습니다. 많지 않은 수이지만 일본어 초급 학습자들에게 한자 학습이 갖는 부담을 생각하여 최소한의 한자만 담았습니다. 한자는 기초를 익혀두면 그 한자들이 결합하여 쓰이기도 하므로 이 책을 학습하는 것만으로도 일본어 한자 학습의 튼튼한 토대를 만드실 수 있을 것입니다.

이 책에서는 한자 쓰는 법을 알려드리고 연습할 수 있도록 했고 우리말에서 쓰이는 음과 훈도 같이 학습하실 수 있도록 했습니다. 또 우리가 사용하는 한자와 다른 것은 따로 나타내었습니다. 한자가 일본어에서 사용될 때의 음독과 훈독을 제시하고 그에 따른 단어들도 제시하였습니다.

이 책은 2012년 처음 간행되었는데 그동안 대학과 중고등학교 수업에서 부교재로 많이 이용해주셨습니다. 그러한 성원에 힘입어 이번에 용례를 정돈하고 부수에 대한 내용 등 몇 가지 부족한 부분을 보충하여 개정판을 낼 수 있게 되었습니다. 진심으로 감사의 말씀을 드립니다. 모쪼록 이 책이 일본어 한자 학습을 돕고 일본어 학습 의욕을 불러일으키는 데 작은 역할이라도 할 수 있기를 기대하는 바입니다.

2022년 3월 저자 올림

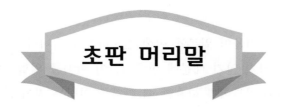

초판 머리말

<일본어 한자쓰기 -기초 420->은 일본어 초급 레벨의 학습자를 위한 한자 학습용 교재입니다. 처음으로 일본어 공부를 시작하시는 분들을 위해 일본어 학습의 기초가 되는 한자를 익힐 수 있도록 만들어진 책입니다.

일본에서는 초등학교 6학년까지 1006개의 한자를 학습하도록 권장하고 있습니다. 이 책을 통해 그 중 초급단계에서 가장 기본이 되는 한자 420자에 대해 익힐 수 있도록 하였습니다. 따라서 이 책은 일본어 초급 과정의 학습과 병행하여 사용하시면 더욱 효과적입니다.

이 책에서는 한자 각각에 대해 다음과 같은 내용으로 학습할 수 있도록 준비하였습니다.

상단 1. 한자의 음독
　　　2. 훈독
　　　3. 음독과 훈독의 대표적인 단어 예시

하단 1. 한자 쓰는 순서
　　　2. 총 획수
　　　3. 부수
　　　4. 우리말의 뜻과 음
　　　5. 한국에서 사용하는 글자체(일본 한자체와 다른 경우)

우리나라는 한자 사용비율이 일본에 비해 현저하게 낮습니다. 또한 중·고등학교 교과과정에서도 비중이 크지 않기 때문에 한국인들이 한자를 익힐 수 있는 기회가 대단히 적습니다. 이로 인해 일본어를 학습할 때 한자를 익히는 것이 큰 난관으로 작용합니다. 또한 컴퓨터와 휴대전화 등의 발달로 점차 손으로 문자를 쓰는 기회가 적어지고 있습니다. 한자뿐만 아니라 한글을 비롯한 모든 문자를 쓰는데 있어 기본이 되는 획순이 지켜지지 않는 경우가 많고, 이로 인해 아름다운 글씨를 점점 찾아보기 어려운 것이 현실입니다.

한자를 쓰는 것은 한자 그 자체를 익혀서 지식의 지평을 넓히고 일본어 학습에 도움이 됩니다. 뿐만 아니라 집중력을 높이는 데에도 큰 도움을 줍니다. 한 획 한 획 집중하여 써 내려가다 보면 불필요한 잡념이 없어지기 때문입니다.

이 책을 잘 활용하셔서 일본어 한자 학습의 기초를 다지고 아름다운 필체도 만드는 "일거양득(一擧兩得)"의 효과를 누리시기 바랍니다.

2012년 1월 저자

목 차

❁ 부 록

한자 420자 일람

쪽	한자				쪽	한자			
15	1 一	2 二	3 三	4 四	16	5 五	6 六	7 七	8 八
17	9 九	10 十	11 百	12 千	18	13 万	14 円	15 日	16 月
19	17 火	18 水	19 木	20 金	20	21 土	22 人	23 大	24 小
21	25 上	26 下	27 中	28 本	22	29 山	30 川	31 田	32 力
23	33 男	34 女	35 子	36 学	24	37 生	38 先	39 父	40 母
25	41 何	42 方	43 行	44 来	26	45 出	46 入	47 左	48 右
27	49 今	50 分	51 毎	52 時	28	53 半	54 年	55 王	56 玉
29	57 口	58 目	59 耳	60 手	30	61 休	62 体	63 夕	64 名
31	65 外	66 多	67 虫	68 貝	32	69 回	70 国	71 立	72 同
33	73 門	74 間	75 聞	76 見	34	77 言	78 話	79 読	80 語
35	81 字	82 文	83 書	84 帰	36	85 前	86 後	87 午	88 友
37	89 売	90 買	91 安	92 高	38	93 東	94 西	95 南	96 北
39	97 気	98 天	99 雨	100 雪	40	101 電	102 車	103 元	104 早
41	105 止	106 正	107 少	108 歩	42	109 食	110 飲	111 持	112 待
43	113 教	114 習	115 知	116 作	44	117 朝	118 昼	119 夜	120 晩
45	121 林	122 森	123 校	124 根	46	125 会	126 社	127 絵	128 私
47	129 曜	130 週	131 戸	132 所	48	133 近	134 遠	135 新	136 化
49	137 花	138 茶	139 英	140 菜	50	141 春	142 夏	143 秋	144 冬
51	145 物	146 品	147 明	148 暗	52	149 心	150 思	151 急	152 意
53	153 主	154 注	155 住	156 家	54	157 自	158 首	159 勉	160 強
55	161 道	162 送	163 全	164 部	56	165 屋	166 室	167 病	168 院
57	169 医	170 者	171 糸	172 終	58	173 台	174 始	175 開	176 閉
59	177 白	178 黒	179 赤	180 青	60	181 重	182 動	183 働	184 事
61	185 仕	186 場	187 工	188 用	62	189 切	190 内	191 肉	192 米

쪽	한자				쪽	한자			
63	193 犬	194 牛	195 鳥	196 魚	64	197 広	198 店	199 合	200 答
65	201 味	202 音	203 声	204 色	66	205 公	206 園	207 足	208 走
67	209 光	210 風	211 空	212 海	68	213 市	214 町	215 村	216 県
69	217 都	218 京	219 番	220 号	70	221 銀	222 鉄	223 地	224 駅
71	225 船	226 旅	227 乗	228 降	72	229 兄	230 弟	231 姉	232 妹
73	233 親	234 両	235 孝	236 考	74	237 洋	238 服	239 美	240 着
75	241 使	242 便	243 利	244 不	76	245 太	246 古	247 苦	248 楽
77	249 長	250 短	251 良	252 悪	78	253 交	254 通	255 運	256 造
79	257 寺	258 等	259 数	260 理	80	261 料	262 科	263 受	264 取
81	265 集	266 配	267 計	268 画	82	269 予	270 定	271 次	272 決
83	273 去	274 法	275 困	276 団	84	277 石	278 庭	279 野	280 原
85	281 草	282 葉	283 芽	284 薬	86	285 暑	286 寒	287 温	288 度
87	289 世	290 界	291 平	292 和	88	293 進	294 退	295 速	296 達
89	297 有	298 無	299 引	300 当	90	301 得	302 失	303 損	304 害
91	305 初	306 末	307 代	308 式	92	309 紙	310 続	311 線	312 練
93	313 頭	314 顔	315 面	316 指	94	317 政	318 治	319 芸	320 術
95	321 問	322 題	323 研	324 究	96	325 弓	326 矢	327 刀	328 丁
97	329 麦	330 豆	331 丸	332 球	98	333 形	334 様	335 皿	336 君
99	337 区	338 州	339 里	340 郡	100	341 直	342 曲	343 点	344 図
101	345 竹	346 算	347 箱	348 筆	102	349 毛	350 羽	351 角	352 馬
103	353 星	354 雲	355 岩	356 氷	104	357 岸	358 谷	359 池	360 畑
105	361 湖	362 島	363 河	364 坂	106	365 歯	366 鼻	367 血	368 身
107	369 命	370 死	371 幸	372 福	108	373 細	374 弱	375 軽	376 悲
109	377 深	378 浅	379 感	380 覚	110	381 永	382 泳	383 皮	384 波
111	385 相	386 想	387 反	388 板	112	389 黄	390 横	391 才	392 材
113	393 産	394 農	395 商	396 業	114	397 将	398 軍	399 兵	400 隊
115	401 委	402 議	403 係	404 員	116	405 夫	406 妻	407 童	408 客
117	409 起	410 発	411 求	412 成	118	413 鳴	414 泣	415 笑	416 歌
119	417 宮	418 館	419 庫	420 港					

한자 쓰는 법

1. 왼쪽에서 오른쪽으로

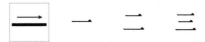 一　二　三

2. 위에서 아래로

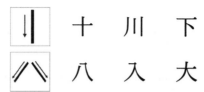 十　川　下

八　入　大

3. 왼쪽에서 오른쪽으로, 그리고 아래로

 口　日　目

4. 위에서 아래로, 그리고 오른쪽으로

 七　山　見

5. 세 가지 맺는 법

1) 멈추기　一　十　上
2) 뻗치기　人　大　木
3) 삐치기　水　手　特

같은 부수의 한자

1. 변(邊) : 글자의 왼쪽에 있는 부수

    休　何　話　語

2. 방(傍) : 글자의 오른쪽에 있는 부수

    動　勉　都　部

3. 머리 : 글자의 위쪽에 있는 부수

    字　安　花　茶

4. 발 : 글자의 아래쪽에 있는 부수

    先　兄　思　意

5. 엄 : 글자의 위쪽과 왼쪽을 감싸는 부수

    広　店　病　痛

6. 받침 : 글자의 왼쪽과 아래쪽을 감싸는 부수

    近　遠　進　退

7. 몸 : 둘레를 감싸는 부수

    四　回　困　国

    門　閉　開　間

8. 제부수 : 글자 자체가 부수인 글자

    人　大　土　木

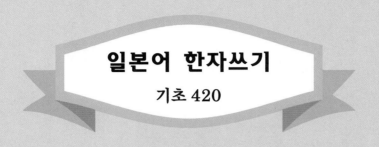

일본어 한자쓰기

기초 420

字

力

読

ゆ

国

ひ

道

教

ツ

花

ろ

あ

ふ

来

な

ル

学

1	2	3	4
一	二	三	四
イチ/イツ	ニ	サン	シ
ひと-	ふつ/ふた-	みっ-	よん/よ/よっ-
一月 (いちがつ)	二月 (にがつ)	三月 (さんがつ)	四月 (しがつ)
同一 (どういつ)	二人 (ふたり)	三人 (さんにん)	四回 (よんかい)
一人 (ひとり)	二日 (ふつか)	三日 (みっか)	四人 (よにん)
一 (ひと)つ	二 (ふた)つ	三 (みっ)つ	四日 (よっか)

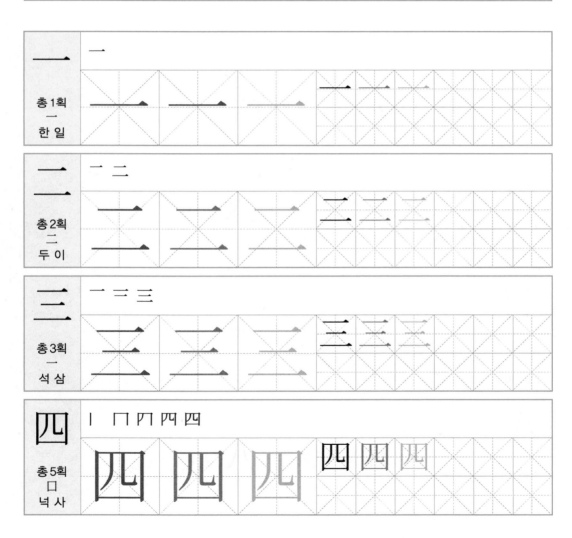

一 총1획 一 한 일	一
二 총2획 二 두 이	一 二
三 총3획 一 석 삼	一 二 三
四 총5획 口 넉 사	丨 冂 冂 四 四

5	6	7	8
五	六	七	八
ゴ	ロク	シチ	ハチ
いつ-	むい/むっ-	なの/なな-	よう/やっ-
五月 (ごがつ)	六月 (ろくがつ)	七月 (しちがつ)	八月 (はちがつ)
五人 (ごにん)	六人 (ろくにん)	七人 (しちにん)	八人 (はちにん)
五日 (いつか)	六日 (むいか)	七日 (なのか)	八日 (ようか)
五(いつ)つ	六(むっ)つ	七(なな)つ	八(やっ)つ

五
총4획
二
다섯 오
一 丁 五 五

六
총4획
八
여섯 육
一 亠 宀 六

七
총2획
一
일곱 칠
一 七

八
총2획
八
여덟 팔
ノ 八

9 九	10 十	11 百	12 千
キュウ/ク	ジュウ/ジッ	ヒャク	セン
ここの-	とお		ち-
九人 (きゅうにん) 九月 (くがつ) 九日 (ここのか) 九 (ここの)つ	十月 (じゅうがつ) 十人 (じゅうにん) 十分 (じっぷん) 十日 (とおか)	百円 (ひゃくえん) 三百 (さんびゃく) 八百 (はっぴゃく)	千円 (せんえん) 八千 (はっせん) 三千 (さんぜん)

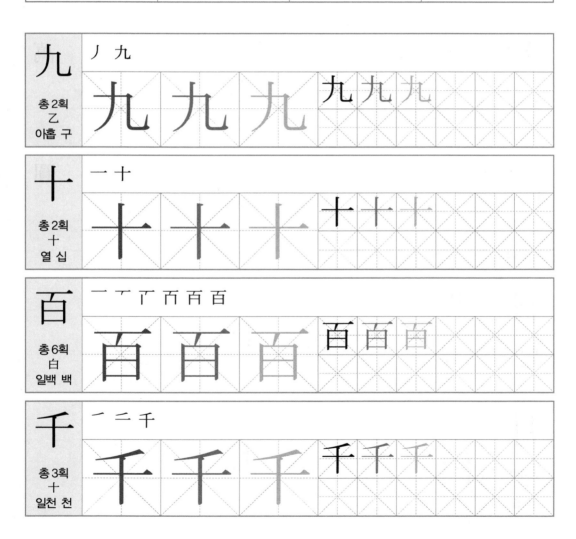

九　ノ九
총2획
乙
아홉 구

十　一十
총2획
十
열 십

百　一ア百百百
총6획
白
일백 백

千　一二千
총3획
十
일천 천

13	14	15	16
万	円	日	月
マン/バン	エン	ニチ/ジツ	ゲツ/ガツ
	まるい	ひ/か	つき
一万 (いちまん) 万物 (ばんぶつ)	二万円 (にまんえん) 円 (まる)い	日曜日 (にちようび) 先日 (せんじつ) 日 (ひ) 二十日 (はつか)	月曜日 (げつようび) 一月 (いちがつ) 月 (つき)

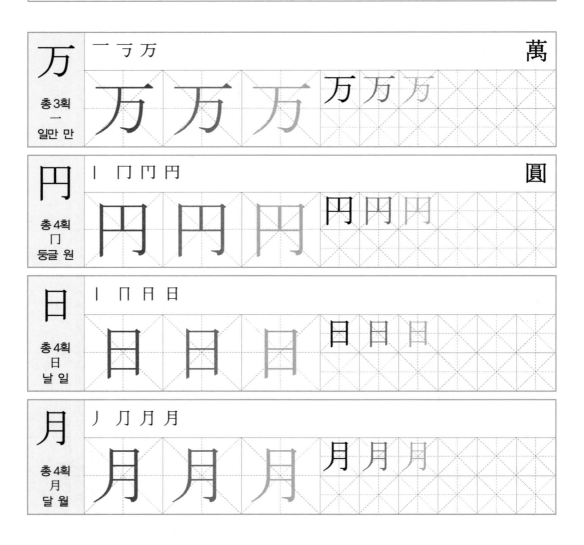

		萬
万 총3획 一 일만 만	一 ﾗ 万 万 万 万　万 万 万	

		圓
円 총4획 冂 둥글 원	l 冂 冂 円 円 円 円　円 円 円	

日 총4획 日 날 일	l 冂 日 日 日 日 日　日 日 日	

月 총4획 月 달 월	ﾉ 刀 月 月 月 月 月　月 月 月	

17	18	19	20
火	水	木	金
カ	スイ	モク/ボク	キン/コン
ひ	みず	き	かね
火曜日(かようび) 火(ひ)	水曜日(すいようび) 水(みず)	木曜日(もくようび) 雑木(ざつぼく) 木(き)	金曜日(きんようび) 黄金(おうごん) お金(かね)

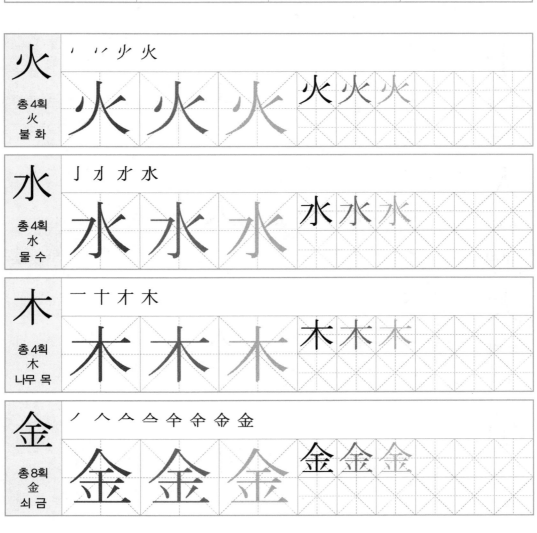

火
총 4획
火
불 화
丶 丷 少 火

水
총 4획
水
물 수
亅 汀 汀 水

木
총 4획
木
나무 목
一 十 才 木

金
총 8획
金
쇠 금
丿 人 人 仝 仝 仐 令 金

21	22	23	24
土	人	大	小
ド/ト	ジン/ニン	ダイ/タイ	ショウ
つち	ひと	おおきい/おお	ちいさい/こ/お
土曜日 (どようび) 土地 (とち) 土 (つち)	日本人 (にほんじん) 六人 (ろくにん) 人 (ひと)	大学 (だいがく) 大切 (たいせつ) 大 (おお) きい	小学校 (しょうがっこう) 小 (ちい) さい 小物 (こもの) 小川 (おがわ)

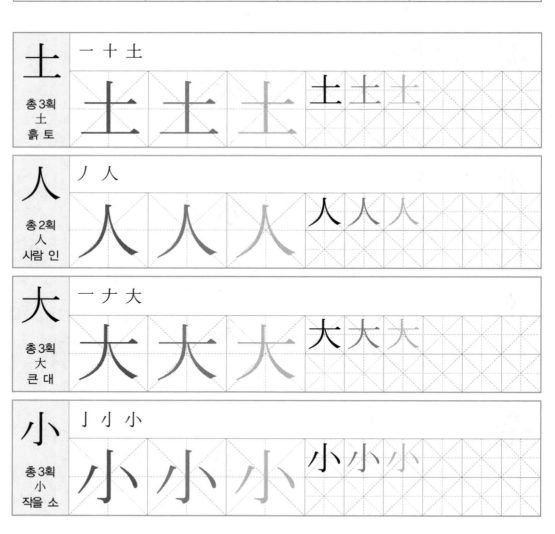

土
총3획
土
흙 토
一 十 土

人
총2획
人
사람 인
ノ 人

大
총3획
大
큰 대
一 ナ 大

小
총3획
小
작을 소
亅 小 小

25	26	27	28
上	下	中	本
ジョウ	カ/ゲ	チュウ/ジュウ	ホン
うえ/かみ/あげる	した/しも/さげる	なか	もと
上下(じょうげ) テーブルの上(うえ) 上(かみ) 上(あ)げる	下流(かりゅう) テーブルの下(した) 下(しも) 下(さ)げる	中国(ちゅうごく) 世界中(せかいじゅう) かばんの中(なか)	本(ほん) 本来(ほんらい) 根本(こんぽん) 本(もと)

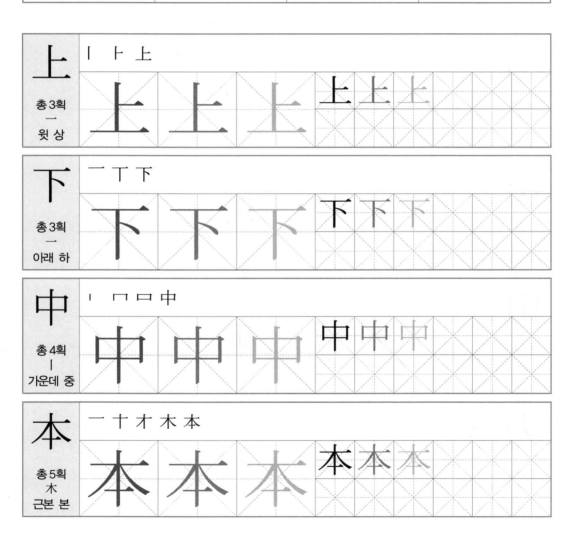

上　総3획　一　윗 상
丨 卜 上

下　총3획　一　아래 하
一 丁 下

中　총4획　丨　가운데 중
丨 冂 口 中

本　총5획　木　근본 본
一 十 才 木 本

29	30	31	32
山	川	田	力
サン	セン	デン	リョク/リキ
やま	かわ	た	ちから
富士山(ふじさん) 山(やま)	山川(さんせん) 川(かわ)	水田(すいでん) 田畑(たはた)	水力(すいりょく) 力士(りきし) 力(ちから)

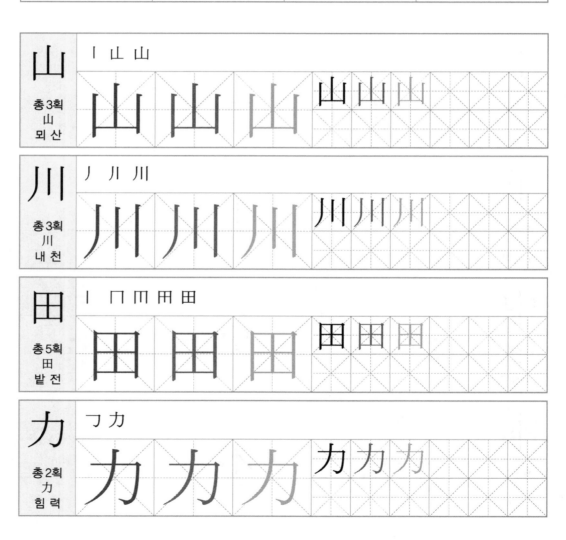

山	丨 山 山
총3획 山 뫼 산	

川	丿 刂 川
총3획 川 내 천	

田	丨 冂 冂 田 田
총5획 田 밭 전	

力	フ 力
총2획 力 힘 력	

33	34	35	36
男	女	子	学
ダン/ナン	ジョ/(ニョ)	シ	ガク
おとこ	おんな	こ	まなぶ
男子(だんし)	男女(だんじょ)	子孫(しそん)	学校(がっこう)
長男(ちょうなん)	少女(しょうじょ)	子供(こども)	学生(がくせい)
男(おとこ)の人(ひと)	女(おんな)の人(ひと)	親子(おやこ)	学(まな)ぶ

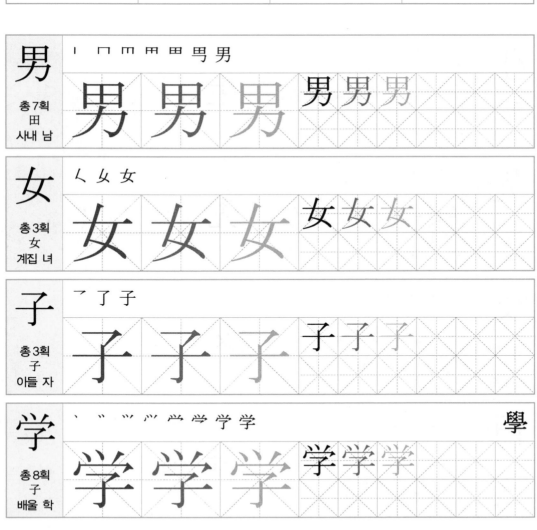

男
총 7획
田
사내 남
丨 冂 冂 田 田 男 男
男 男 男 男 男 男

女
총 3획
女
계집 녀
く 女 女
女 女 女 女 女 女

子
총 3획
子
아들 자
フ 了 子
子 子 子 子 子 子

学
총 8획
子
배울 학
丶 丷 丷 丷 学 学 学 学
學
学 学 学 学 学 学

37	38	39	40
生	先	父	母
セイ/ショウ	セン	フ	ボ
いきる/うまれる/なま	さき	ちち	はは
生活(せいかつ) 一生(いっしょう) 生(い)きる 生(う)まれる	先生(せんせい) お先(さき)に	父母(ふぼ) 父(ちち) *お父(とう)さん	母国(ぼこく) 母(はは) *お母(かあ)さん

生	ノ ノ ヒ 牛 生
총5획 生 날 생	生 生 生 生生生

先	ノ ヒ ヒ 牛 生 先
총6획 儿 먼저 선	先 先 先 先先先

父	ノ ハ グ 父
총4획 父 아비 부	父 父 父 父父父

母	ㄴ 口 口 母 母
총5획 母 어미 모	母 母 母 母母母

41	42	43	44
何	方	行	来
カ	ホウ	コウ/ギョウ	ライ
なに(なん)	かた	いく/おこなう	くる
何(なに) 何時(なんじ) 何分(なんぷん)	方法(ほうほう) 方(かた) 見方(みかた)	行動(こうどう) 行事(ぎょうじ) 行(い)く 行(おこ)なう	来年(らいねん) 未来(みらい) 来(く)る

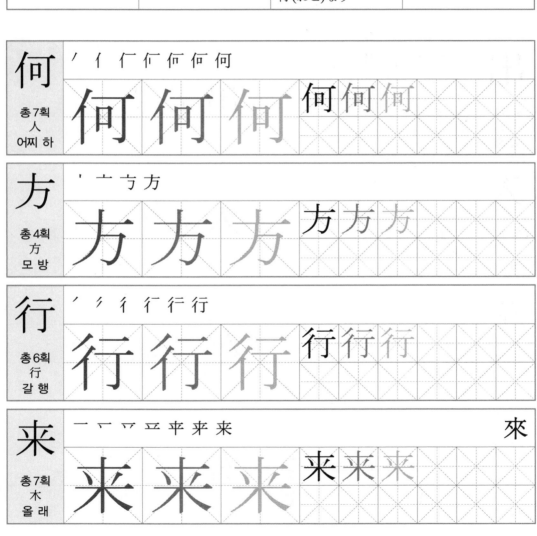

何 총7획 人 어찌 하

ノ イ 仁 仃 佢 何 何
何 何 何 何 何 何

方 총4획 方 모 방

丶 亠 方 方
方 方 方 方 方 方

行 총6획 行 갈 행

ノ ク 彳 彳 行 行
行 行 行 行 行 行

来 총7획 木 올 래

一 一 三 平 平 来 来　　　　來
来 来 来 来 来 来

45	46	47	48
出	入	左	右
シュツ	ニュウ	サ	ユウ/ウ
でる/だす	いれる/はいる	ひだり	みぎ
外出(がいしゅつ) 出(で)る 出(だ)す	入学(にゅうがく) 入(い)れる 入(はい)る	左折(させつ) 左側(ひだりがわ)	左右(さゆう) 右折(うせつ) 右側(みぎがわ)

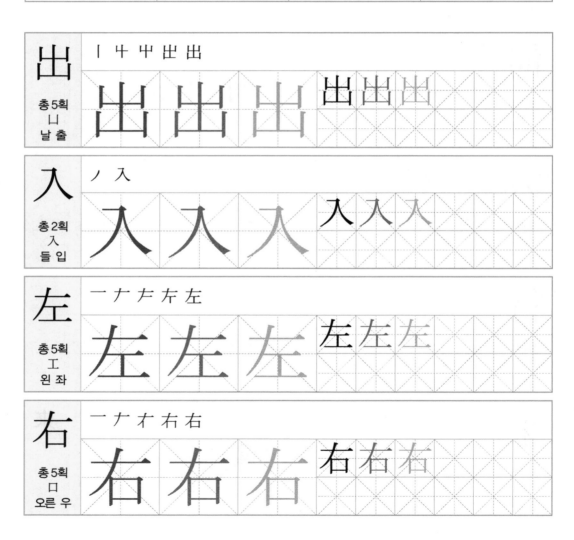

出
총5획
凵
날 출
丨 屮 屮 出 出

入
총2획
入
들 입
丿 入

左
총5획
工
왼 좌
一 ナ ナ 左 左

右
총5획
口
오른 우
一 ナ 才 右 右

49	50	51	52
今	分	毎	時
コン	フン/ブン/ブ	マイ	ジ
いま	わかる/わける		とき
今月 (こんげつ) 今 (いま) *今日 (きょう)	五分 (ごふん) ゴミ分別 (ぶんべつ) 分 (わ)かる 分 (わ)ける	毎朝 (まいあさ) 毎日 (まいにち) 毎月 (まいつき)	時間 (じかん) 時期 (じき) 時 (とき) 時々 (ときどき)

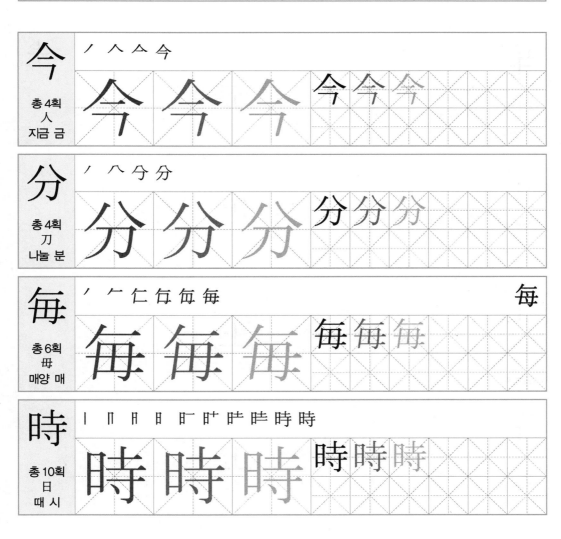

今	ノ 人 今 今
총 4획 人 지금 금	今 今 今 今 今 今

分	ノ 八 分 分
총 4획 刀 나눌 분	分 分 分 分 分 分

毎	ノ ← 仁 な 毎 毎 毎
총 6획 母 매양 매	毎 毎 毎 毎 毎 毎

時	丨 冂 冂 日 日 旷 旷 旷 時 時
총 10획 日 때 시	時 時 時 時 時 時

53	54	55	56
半	年	王	玉
ハン	ネン	オウ	ギョク
なかば	とし		たま
半分(はんぶん) 一時半(いちじはん) 半(なか)ば	四年生(よねんせい) 年(とし) 年上(としうえ)	王様(おうさま) 女王(じょおう)	玉石(ぎょくせき) 玉(たま) 目玉(めだま)

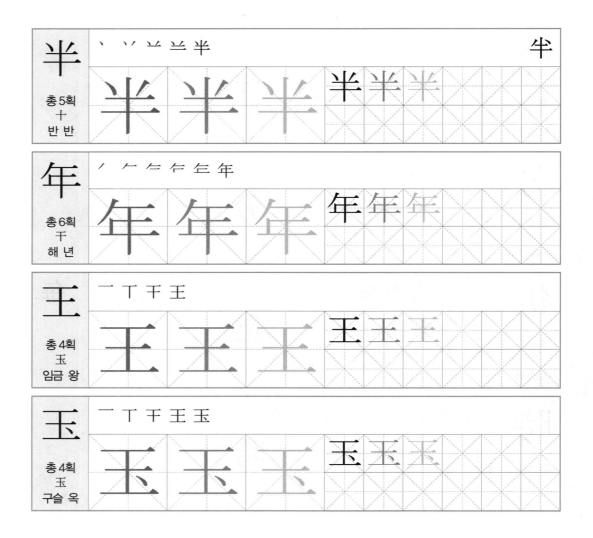

半 총5획 十 반 반

` ` ` ` ` 半

年 총6획 干 해 년

王 총4획 玉 임금 왕

玉 총4획 玉 구슬 옥

57	58	59	60
口	目	耳	手
コウ/ク	モク	ジ	シュ
くち	め	みみ	て
人口 (じんこう) 口伝 (くでん) 口 (くち) 出口 (でぐち)	目的 (もくてき) 目 (め) 二回目 (にかいめ)	耳鼻科 (じびか) 耳 (みみ)	歌手 (かしゅ) 手 (て) 手紙 (てがみ)

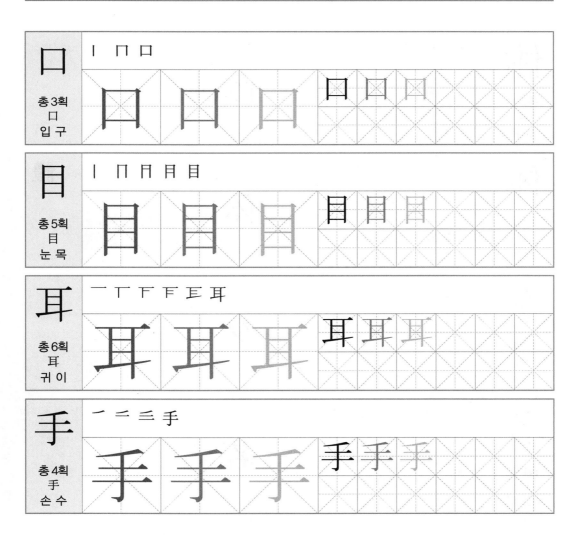

口 총 3획 口 입 구	丨 冂 口
目 총 5획 目 눈 목	丨 冂 冂 月 目
耳 총 6획 耳 귀 이	一 丁 丌 丌 亘 耳
手 총 4획 手 손 수	一 二 三 手

61	62	63	64
休	体	夕	名
キュウ	タイ/テイ	セキ	メイ/ミョウ
やすむ	からだ	ゆう	な
休日 (きゅうじつ) 休(やす)む 休(やす)み	体育 (たいいく) 体重 (たいじゅう) 体(からだ)	夕陽 (せきよう) 夕方 (ゆうがた) 夕食 (ゆうしょく)	有名 (ゆうめい)だ 名字 (みょうじ) 名前 (なまえ)

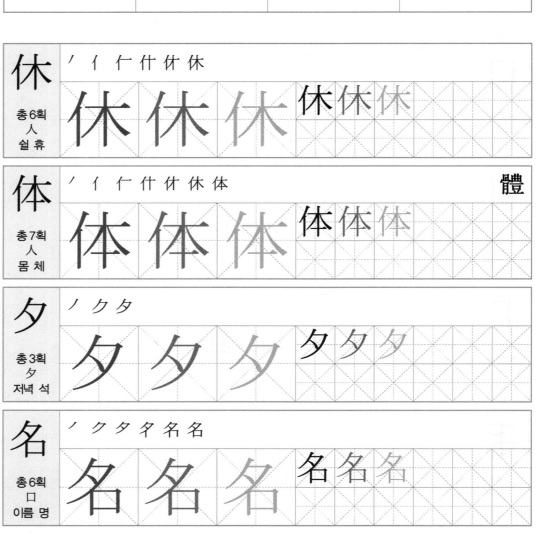

休 총6획 人 쉴 휴	ノ イ 仁 什 休 休
体 총7획 人 몸 체	ノ イ 仁 什 休 休 体　　　　　　體
夕 총3획 夕 저녁 석	ノ ク 夕
名 총6획 口 이름 명	ノ ク 夕 夕 名 名

65 外	66 多	67 虫	68 貝
ガイ/ゲ	タ	チュウ	
そと/ほか	おおい	むし	かい
外国語(がいこくご) 外科医(げかい) 外(そと) 外(ほか)	多少(たしょう) 多(おお)い 多(おお)く	害虫(がいちゅう) 虫(むし)	貝(かい) 貝(かい)がら

外 ノ ク タ 列 外

総5획
夕
밖 외

外 外 外 外外外

多 ノ ク タ タ 多 多

総6획
夕
많을 다

多 多 多 多多多

虫 丨 口 口 中 虫 虫　　　　蟲

총6획
虫
벌레 충

虫 虫 虫 虫虫虫

貝 丨 冂 冃 月 目 貝 貝

총7획
貝
조개 패

貝 貝 貝 貝貝貝

69	70	71	72
回	国	立	同
カイ	コク	リツ	ドウ
まわる/まわす	くに	たつ/たてる	おなじ
回転(かいてん) 回(まわ)る 回(まわ)す	国語(こくご) 国家(こっか) 国(くに)	私立(しりつ) 立(た)つ 立(た)てる	同一(どういつ) 同時(どうじ) 同(おな)じもの

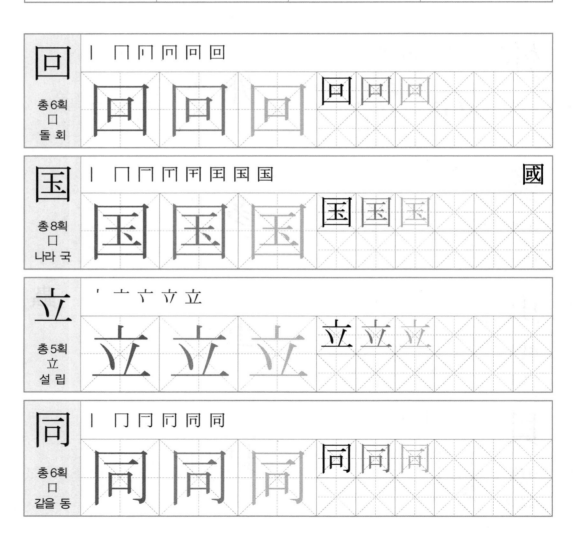

回 총6획 口 돌 회 | 丨 冂 冂 冋 回 回

国 총8획 口 나라 국 | 丨 冂 冂 冈 囯 国 国 国 — 國

立 총5획 立 설 립 | 丶 亠 十 立 立

同 총6획 口 같을 동 | 丨 冂 冂 同 同 同

73	74	75	76
門	間	聞	見
モン	カン/ケン	ブン/モン	ケン
かど	あいだ/ま	きく/きこえる	みる/みえる/みせる
正門(せいもん)	期間(きかん)	新聞(しんぶん)	見学(けんがく)
専門(せんもん)	人間(にんげん)	聞(き)く	見(み)る
門(かど)	間(あいだ)	聞(き)こえる	見(み)える
	隙間(すきま)		見(み)せる

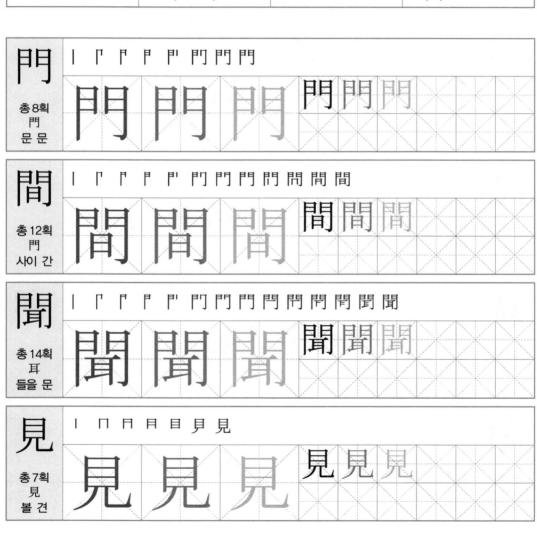

門 총8획 門 문 문
丨 冂 冂 冃 冃 門 門 門

間 총12획 門 사이 간
丨 冂 冂 冃 冃 門 門 門 門 閆 閆 間

聞 총14획 耳 들을 문
丨 冂 冂 冃 冃 門 門 門 閆 閆 閆 閆 聞

見 총7획 見 볼 견
丨 冂 冂 月 目 目 見

77	78	79	80
言	話	読	語
ゲン/ゴン	ワ	ドク/(トウ)	ゴ
こと/いう	はなす/はなし	よむ	かたる
言語(げんご)	電話(でんわ)	読書(どくしょ)	英語(えいご)
無言(むごん)	話(はな)す	音読(おんどく)	言語(げんご)
言葉(ことば)	話(はなし)	句読(くとう)	語(かた)る
言(い)う		読(よ)む	

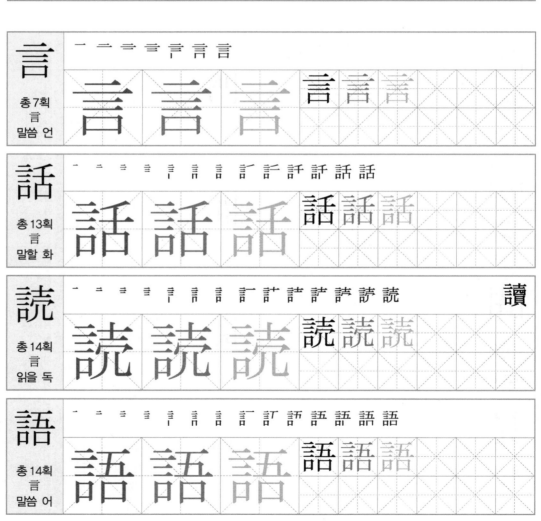

言　총7획　言　말씀 언
一　二　三　言　言　言　言

話　총13획　言　말할 화
一　二　三　言　言　言　話　訂　訂　訂　話　話

読　총14획　言　읽을 독
一　二　三　言　言　言　訂　訂　読　読　読　読　読　　　讀

語　총14획　言　말씀 어
一　二　三　言　言　言　訂　訂　語　語　語　語

81	82	83	84
字	文	書	帰
ジ	ブン/モン	ショ	キ
	ふみ	かく	かえる
文字(もじ)	文化(ぶんか)	書店(しょてん)	帰国(きこく)
漢字(かんじ)	文学(ぶんがく)	教科書(きょうかしょ)	帰宅(きたく)
数字(すうじ)	文部省(もんぶしょう)	書(か)く	帰(かえ)る
	文(ふみ)		

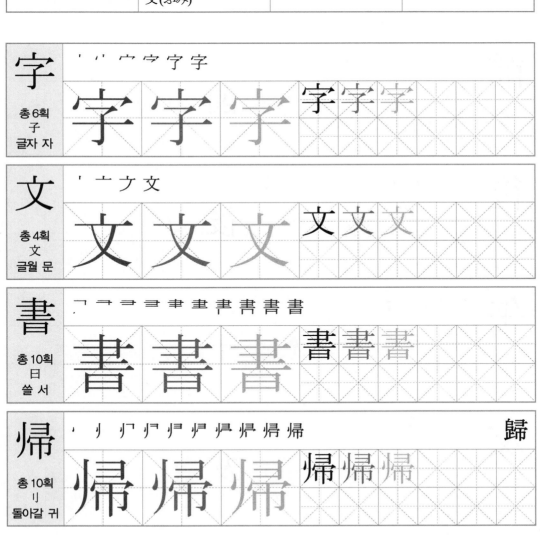

字　총6획　子　글자 자
ヽ ` 宀 宀 字 字
字 字 字 字 字 字

文　총4획　文　글월 문
ヽ 一 ナ 文
文 文 文 文 文 文

書　총10획　日　쓸 서
フ フ ヨ ヨ 聿 聿 書 書 書 書
書 書 書 書 書 書

帰　총10획　刂　돌아갈 귀
ヽ ⺊ ⺊ ⺊ ⺊ ⺊ ⺊ 帰 帰 帰　　　　歸
帰 帰 帰 帰 帰 帰

85	86	87	88
前	後	午	友
ゼン	ゴ/コウ	ゴ	ユウ
まえ	あと/うしろ/のち		とも
前後(ぜんご)	食後(しょくご)	午前(ごぜん)	友人(ゆうじん)
食前(しょくぜん)	後輩(こうはい)	午後(ごご)	親友(しんゆう)
前(まえ)	後(あと)	正午(しょうご)	友(とも)
	後(うし)ろ		友達(ともだち)

前 총9획 刂 앞 전
ヽ ゝ 癶 ィ 疒 肖 肖 前 前
前 前 前 前 前 前

後 총9획 彳 뒤 후
ノ ク 彳 彳 彳 彳 彳 彳 後 後
後 後 後 後 後 後

午 총4획 十 낮 오
ノ ᄼ 仁 午
午 午 午 午 午 午

友 총4획 又 벗 우
一 ナ 方 友
友 友 友 友 友 友

89	90	91	92
売	買	安	高
バイ	バイ	アン	コウ
うる	かう	やすい	たかい/たかまる
売店 (ばいてん) 売 (う)る 売 (う)り場 (ば)	売買 (ばいばい) 買 (か)う 買 (か)い物 (もの)	安心 (あんしん) 安全 (あんぜん) 安 (やす)い	高校 (こうこう) 最高 (さいこう) 高 (たか)い 高 (たか)まる

売　총 7획　士　팔 매
一 十 キ 声 声 声 売　賣

買　총 12획　貝　살 매
丨 冂 冂 冊 罒 罒 罒 買 買 買 買 買

安　총 6획　宀　편안할 안
丶 丷 宀 宀 安 安

高　총 10획　高　높을 고
丶 亠 宁 亣 亩 声 高 高 高 高

93	94	95	96
東	西	南	北
トウ	セイ/サイ	ナン	ホク
ひがし	にし	みなみ	きた
東京(とうきょう) 関東(かんとう) 東(ひがし)	西洋(せいよう) 東西(とうざい) 西(にし)	南北(なんぼく) 南部(なんぶ) 南(みなみ)	北上(ほくじょう) 北海道(ほっかいどう) 北(きた)

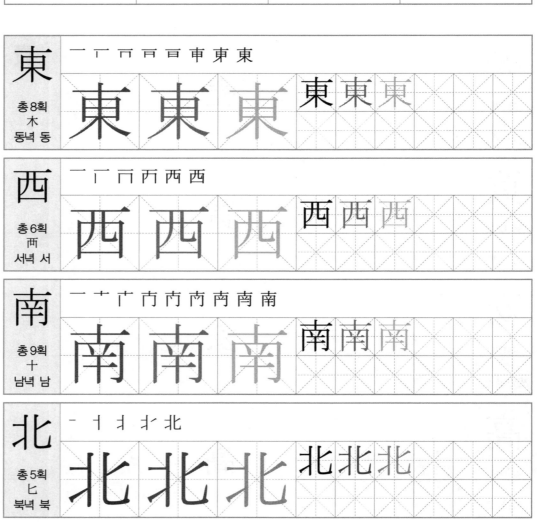

東　총8획　木　동녘 동
一 丁 戸 戸 亘 東 東 東

西　총6획　両　서녘 서
一 丁 万 丙 西 西

南　총9획　十　남녘 남
一 十 广 广 内 内 岗 南 南

北　총5획　ヒ　북녘 북
一 十 士 士 北

97	98	99	100
気	天	雨	雪
キ/ケ	テン	ウ	セツ
		あめ/(あま)	ゆき
元気(げんき)	天気(てんき)	雨量(うりょう)	風雪(ふうせつ)
電気(でんき)	天才(てんさい)	雨(あめ)	雪(ゆき)
気配(けはい)		大雨(おおあめ)	初雪(はつゆき)
		雨雲(あまぐも)	

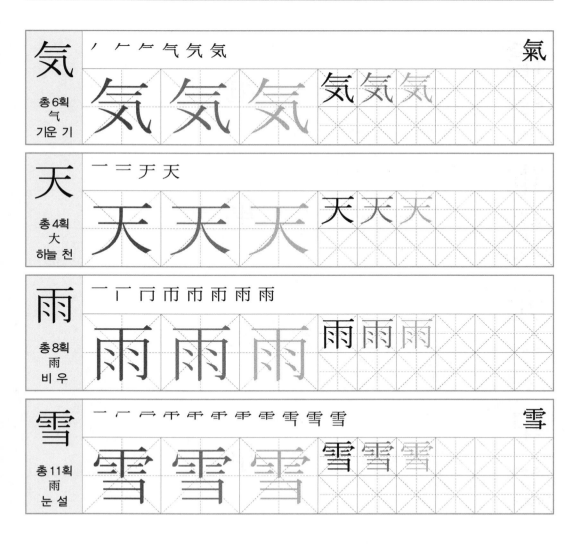

気　총6획　气　기운 기

ノ ニ 气 气 気 気　氣

天　총4획　大　하늘 천

一 二 チ 天

雨　총8획　雨　비 우

一 ㄧ ㄇ 市 币 雨 雨 雨

雪　총11획　雨　눈 설

一 ㄧ ㄇ 雨 雨 雨 雪 雪 雪 雪　雪

101	102	103	104
電	車	元	早
デン	シャ	ゲン/ガン	ソウ
	くるま	もと	はやい
電車(でんしゃ)	車庫(しゃこ)	元気(げんき)	早朝(そうちょう)
電池(でんち)	自転車(じてんしゃ)	元旦(がんたん)	早(はや)い
電波(でんぱ)	車(くるま)	地元(じもと)	早口(はやくち)

電
총 13획
雨
번개 전

一 厂 戶 币 币 币 雨 雨 雨 雨 雷 雷 電

電 電 電 電 電 電

車
총 7획
車
수레 차/거

一 厂 币 币 亘 亘 車

車 車 車 車 車 車

元
총 4획
儿
으뜸 원

一 二 テ 元

元 元 元 元 元 元

早
총 6획
日
이를 조

丨 冂 日 日 旦 早

早 早 早 早 早 早

105	106	107	108
止	正	少	歩
シ	セイ/ショウ	ショウ	ホ
とまる/とめる	ただしい/ただす	すこし/すくない	あるく/あゆむ
中止(ちゅうし) 止(と)まる 止(と)める	正確(せいかく) 正直(しょうじき) 正(ただ)しい 正(ただ)す	少年(しょうねん) 少(すこ)し 少(すく)ない	歩道(ほどう) 散歩(さんぽ) 歩(ある)く 歩(あゆ)む

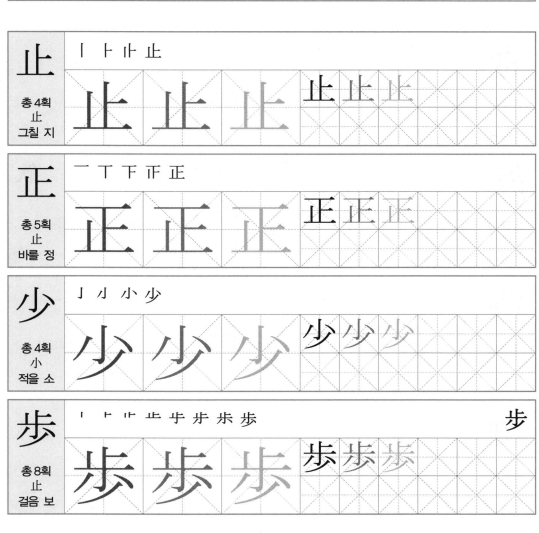

止　총4획　止　그칠 지　｜ 卜 止 止

正　총5획　止　바를 정　一 丁 下 正 正

少　총4획　小　적을 소　亅 小 小 少

歩　총8획　止　걸음 보　｜ 卜 止 止 丼 歩 歩 歩

109	110	111	112
食	飲	持	待
ショク	イン	ジ	タイ
たべる/くう	のむ	もつ	まつ
食事(しょくじ) 食(た)べる 食(た)べ物(もの) 食(く)う	飲食(いんしょく) 飲(の)む 飲(の)み物(もの)	支持(しじ) 持(も)つ 気持(きも)ち	招待(しょうたい) 待(ま)つ 待合室(まちあいしつ)

食
총9획
食
먹을 식

ノ 人 人 今 今 合 食 食 食

食 食 食 食 食 食

飲
총12획
食
마실 음

ノ 人 人 今 今 合 食 食 食 飲 飲 飲　　　　飲

飲 飲 飲 飲 飲 飲

持
총9획
扌
가질 지

一 十 扌 扩 扩 拦 挂 持 持

持 持 持 持 持 持

待
총9획
彳
기다릴 대

ノ ク イ 彳 彳 待 待 待 待

待 待 待 待 待 待

113	114	115	116
教	習	知	作
キョウ	シュウ	チ	サク/サ
おしえる/おそわる	ならう	しる	つくる
教室(きょうしつ) 宗教(しゅうきょう) 教(おし)える 教(おそ)わる	習慣(しゅうかん) 練習(れんしゅう) 習(なら)う	知識(ちしき) 知(し)る 知(し)り合(あ)い	作文(さくぶん) 作用(さよう) 作(つく)る

教
총 11획
攵
가르칠 교

一 十 土 耂 耂 孝 孝 耂 教 教 教　　教

教 教 教 教 教 教

習
총 11획
羽
익힐 습

フ フ ヲ 习 羽 羽 羽 習 習 習 習　　習

習 習 習 習 習 習

知
총 8획
矢
알 지

ノ ト 눅 놐 矢 知 知 知

知 知 知 知 知 知

作
총 7획
人
지을 작

ノ イ 仁 仁 竹 作 作

作 作 作 作 作 作

117	118	119	120
朝	昼	夜	晩
チョウ	チュウ	ヤ	バン
あさ	ひる	よる/よ	
朝食(ちょうしょく) 朝(あさ) 朝日(あさひ)	昼食(ちゅうしょく) 昼(ひる) 昼休(ひるやす)み	今夜(こんや) 夜(よる) 夜中(よなか)	今晩(こんばん) 昨晩(さくばん) 毎晩(まいばん)

朝 총 12획 月 아침 조	一 十 ナ 古 古 古 直 卓 朝 朝 朝 朝
	朝　朝　朝　　朝 朝 朝

昼 총 9획 日 낮 주	「 コ コ 尺 尺 尽 昼 昼 昼　　　　畫
	昼　昼　昼　　昼 昼 昼

夜 총 8획 夕 밤 야	亠 亠 广 疒 夜 夜 夜 夜
	夜　夜　夜　　夜 夜 夜

晩 총 12획 日 저물 만	Ｉ 冂 日 日 日' 旷 昭 晩 晩 晩 晩
	晩　晩　晩　　晩 晩 晩

121	122	123	124
林	森	校	根
リン	シン	コウ	コン
はやし	もり		ね
山林(さんりん) 林(はやし)	森林(しんりん) 森(もり)	校長(こうちょう) 母校(ぼこう)	根性(こんじょう) 木(き)の根(ね)

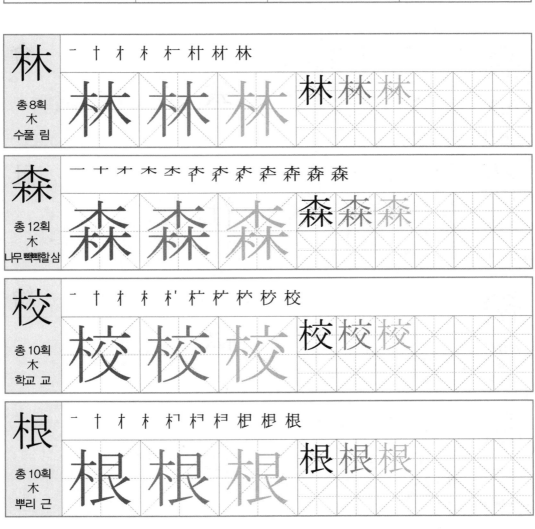

林
총 8획
木
수풀 림

一 十 才 木 村 杜 村 林

森
총 12획
木
나무 빽빽할 삼

一 十 才 木 杢 杢 杂 森 森 森 森

校
총 10획
木
학교 교

一 十 才 木 杧 杧 栌 栌 校 校

根
총 10획
木
뿌리 근

一 十 才 木 村 枦 枦 柙 梶 根

125	126	127	128
会	社	絵	私
カイ	シャ	カイ/エ	シ
あう	やしろ		わたし/わたくし
会社(かいしゃ)	社会(しゃかい)	絵画(かいが)	私物(しぶつ)
会話(かいわ)	本社(ほんしゃ)	絵本(えほん)	私(わたし)
会(あ)う	神社(じんじゃ)		私(わたくし)
	社(やしろ)		

会
총 6획
人
모일 회

ノ 人 A 仝 会 会　　　　　　　　　　　會

会 会 会 会 会 会

社
총 7획
示
토지의 신 사

` ク オ ネ ネ 社 社　　　　　　　　　　社

社 社 社 社 社 社

絵
총 12획
糸
그림 회

` ㄥ 幺 幺 糸 糸 糸 糸 糸 絵 絵 絵　　　繪

絵 絵 絵 絵 絵 絵

私
총 7획
禾
사사로울 사

一 二 千 千 禾 私 私

私 私 私 私 私 私

129	130	131	132
曜	週	戸	所
ヨウ	シュウ	コ	ショ
		と	ところ
日曜日 (にちようび) 何曜日 (なんようび)	先週 (せんしゅう) 今週 (こんしゅう) 来週 (らいしゅう)	戸外 (こがい) 戸 (と) 雨戸 (あまど)	住所 (じゅうしょ) 近所 (きんじょ) 所 (ところ)

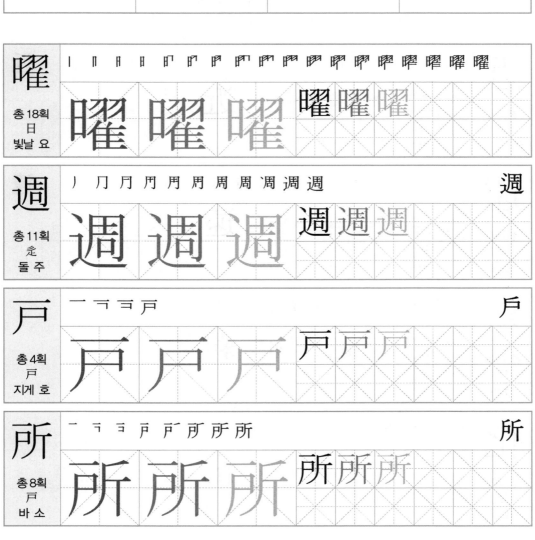

曜
총 18획
日
빛날 요

ｌ ｌ ｌ 冂 冂 冋 冋 冐 冐 冐 冐 冐 皉 皉 曜 曜 曜 曜

週
총 11획
辵
돌 주

丿 刀 刀 冂 月 用 周 周 凋 週 週　週

戸
총 4획
戸
지게 호

一 ｺ ｺ 戸　戸

所
총 8획
戸
바 소

一 ｺ ｺ 戸 戸 所 所 所　所

133	134	135	136
近	遠	新	化
キン	エン	シン	カ/ケ
ちかい	とおい	あたらしい/あらた	ばける
最近(さいきん) 近(ちか)い 近道(ちかみち)	遠足(えんそく) 永遠(えいえん) 遠(とお)い	新旧(しんきゅう) 新聞(しんぶん) 新(あたら)しい 新(あらた)に	文化(ぶんか) 化粧(けしょう) 化(ば)ける お化(ば)け

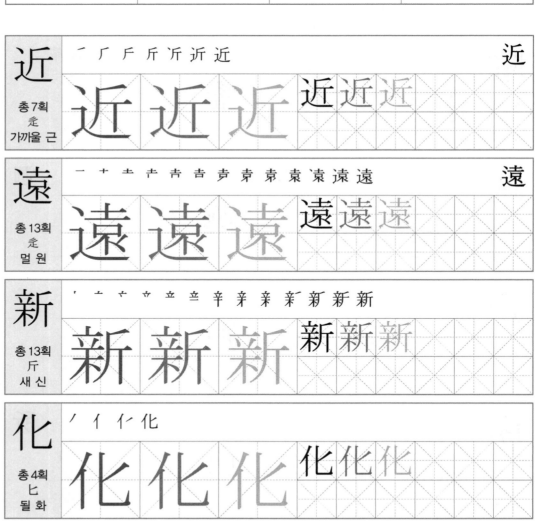

近
총 7획
辵
가까울 근
一 厂 斤 斤 沂 近 近

遠
총 13획
辵
멀 원
一 十 土 产 吉 吉 击 寺 寺 袁 袁 遠 遠

新
총 13획
斤
새 신
立 立 立 立 辛 辛 亲 亲 新 新 新

化
총 4획
匕
될 화
ノ イ 仁 化

137	138	139	140
花	茶	英	菜
カ	チャ/サ	エイ	サイ
はな			な
開花(かいか) 花見(はなみ) 花束(はなたば)	茶色(ちゃいろ) 紅茶(こうちゃ) 茶道(さどう)	英語(えいご) 英雄(えいゆう)	菜食(さいしょく) 野菜(やさい) 菜(な)の花(はな)

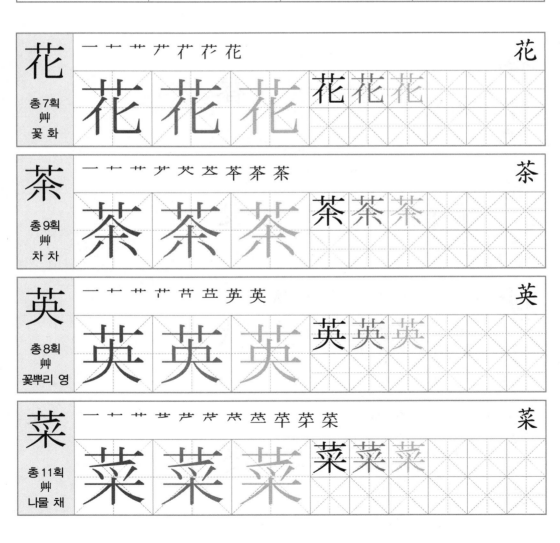

花 총 7획 艹 꽃 화	一 𠂉 𠂤 𠂤 花 花 花 花
茶 총 9획 艹 차 차	一 𠂉 𠂤 𠂤 𠂤 𠂤 茶 茶 茶 茶
英 총 8획 艹 꽃뿌리 영	一 𠂉 𠂤 𠂤 𠂤 𠂤 英 英 英
菜 총 11획 艹 나물 채	一 𠂉 𠂤 𠂤 𠂤 𠂤 𠂤 𠂤 菜 菜 菜

141	142	143	144
春	夏	秋	冬
シュン	カ	シュウ	トウ
はる	なつ	あき	ふゆ
青春(せいしゅん) 立春(りっしゅん) 春雨(はるさめ)	初夏(しょか) 夏休(なつやす)み	秋分(しゅうぶん) 秋(あき)	春夏秋冬 (しゅんかしゅうとう) 冬(ふゆ)

春　총9획　日　봄 춘
一 一 三 三 声 夫 表 春 春 春

夏　총10획　夂　여름 하
一 一 丁 丆 丙 百 百 頁 夏 夏

秋　총9획　禾　가을 추
一 二 千 千 禾 禾 秒 秒 秋

冬　총5획　夂　겨울 동
ノ ク タ 冬 冬

145	146	147	148
物	品	明	暗
ブツ/モツ	ヒン	メイ/ミョウ	アン
もの	しな	あかるい/あきらか	くらい
人物 (じんぶつ)	作品 (さくひん)	発明 (はつめい)	暗記 (あんき)
荷物 (にもつ)	商品 (しょうひん)	明後日 (みょうごにち)	暗 (くら)い
忘(わす)れ物(もの)	品物 (しなもの)	明 (あか)るい	
		明 (あき)らか	

物 총 8획 牛 만물 물	ﾉ ﾑ 牛 牛 牜 牣 物 物　物 物 物　物 物 物
品 총 9획 口 물건 품	丨 冂 口 吕 吊 品 品 品 品　品 品 品　品 品 品
明 총 8획 日 밝을 명	丨 冂 冂 日 日 明 明 明　明 明 明　明 明 明
暗 총 13획 日 어두울 암	丨 冂 冂 日 日 日' 旷 昨 昨 昨 暗 暗 暗　暗 暗 暗　暗 暗 暗

149	150	151	152
心	思	急	意
シン	シ	キュウ	イ
こころ	おもう	いそぐ	
心配(しんぱい) 中心(ちゅうしん) 心(こころ)	思考(しこう) 不思議(ふしぎ) 思(おも)う	急行(きゅうこう) 特急(とっきゅう) 急(いそ)ぐ	意見(いけん) 意味(いみ) 注意(ちゅうい)

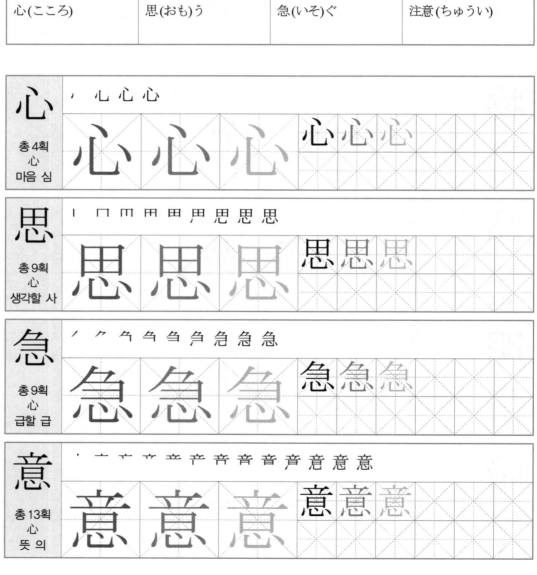

心　총4획　心　마음 심

`ゝ 心 心 心`

心 心 心　心 心 心

思　총9획　心　생각할 사

`丨 冂 𠮿 用 田 田 思 思 思`

思 思 思　思 思 思

急　총9획　心　급할 급

`ノ ク ケ 刍 刍 刍 急 急 急`

急 急 急　急 急 急

意　총13획　心　뜻 의

`丶 亠 产 产 产 产 音 音 音 音 意 意 意`

意 意 意　意 意 意

153	154	155	156
主	注	住	家
シュ	チュウ	ジュウ	カ/ケ
ぬし/おも	そそぐ	すむ	いえ/や
主人(しゅじん) 主(ぬし) 主(おも)に	注目(ちゅうもく) 注文(ちゅうもん) 注(そそ)ぐ	住民(じゅうみん) 住所(じゅうしょ) 住(す)む	家族(かぞく) 王家(おうけ) 家(いえ) 家賃(やちん)

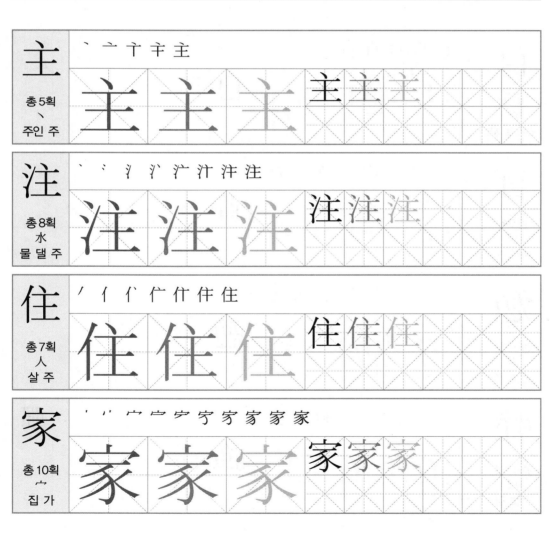

主 총 5획 丶 주인 주

`丶 亠 宁 主 主`

注 총 8획 水 물 댈 주

`丶 丶 氵 氵 汁 注 注`

住 총 7획 人 살 주

`丿 亻 亻 个 什 住 住`

家 총 10획 宀 집 가

`丶 丷 宀 宇 宇 家 家 家`

157	158	159	160
自	首	勉	強
ジ/シ	シュ	ベン	キョウ/ゴウ
みずから	くび		つよい
自分(じぶん) 自然(しぜん) 自(みずか)ら	首都(しゅと) 部首(ぶしゅ) 首(くび)	勉学(べんがく) 勉強(べんきょう) 勤勉(きんべん)	強弱(きょうじゃく) 強風(きょうふう) 強引(ごういん) 強(つよ)い

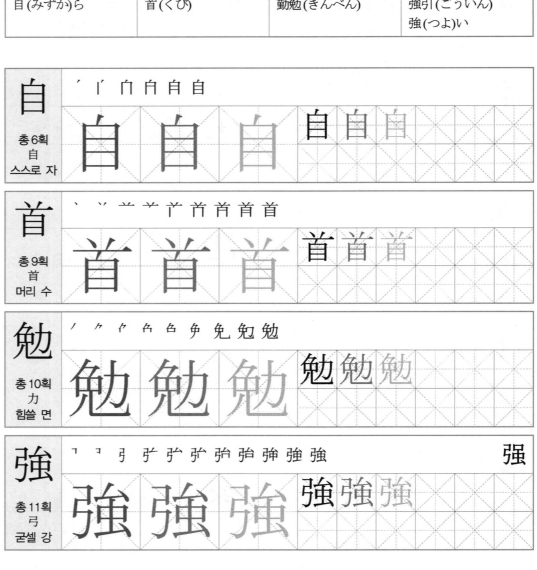

自 총6획 自 스스로 자

´ ｲ ｎ 白 自 自

首 총9획 首 머리 수

丶 丷 ﾝ 艹 产 首 首 首 首

勉 총10획 力 힘쓸 면

ノ ﾀ ｸ ﾝ 免 免 免 勉 勉 勉

強 총11획 弓 굳셀 강

ｺ ｺ 弓 弓 弘 弘 弘 弘 強 強 強 強

161	162	163	164
道	送	全	部
ドウ	ソウ	ゼン	ブ
みち	おくる	まったく/すべて	(へ)
道具(どうぐ) 道路(どうろ) 道(みち)	送別(そうべつ) 放送(ほうそう) 送(おく)る	全部(ぜんぶ) 安全(あんぜん) 全(まった)く 全(すべ)て	部分(ぶぶん) 学部(がくぶ) 部屋(へや)

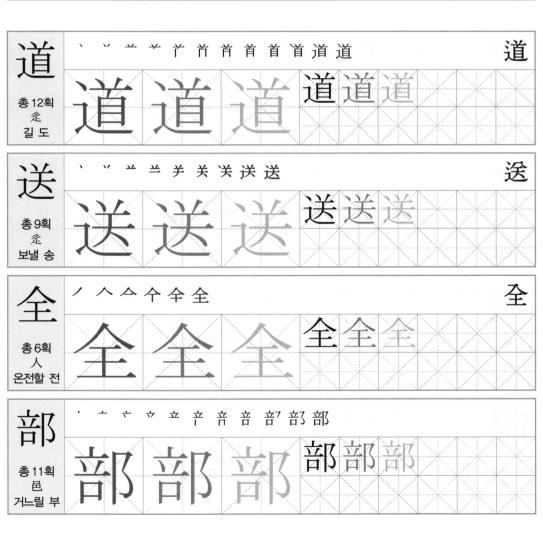

道
총 12획
辵
길 도
`丶丷丷广首首首首首道道`
道 道 道 道 道 道

送
총 9획
辵
보낼 송
`丶丷丷丷关关关送送`
送 送 送 送 送 送

全
총 6획
人
온전할 전
`丿人人仐全全`
全 全 全 全 全 全

部
총 11획
邑
거느릴 부
`丶亠立立产音音音部部部`
部 部 部 部 部 部

165	166	167	168
屋	室	病	院
オク	シツ	ビョウ	イン
や	むろ	やまい/やむ	
屋上(おくじょう)	室内(しつない)	病気(びょうき)	院長(いんちょう)
家屋(かおく)	病室(びょうしつ)	看病(かんびょう)	病院(びょういん)
屋台(やたい)	室町(むろまち)	病(やまい)	大学院(だいがくいん)
本屋(ほんや)		病(やむ)	

屋 총9획 尸 집 옥
コ コ コ 尸 尸 尼 尼 屋 屋
屋 屋 屋 屋 屋 屋

室 총9획 宀 집 실
丶 丷 宀 宀 宓 宓 室 室 室
室 室 室 室 室 室

病 총10획 疒 병 병
丶 一 广 广 广 疒 疒 病 病 病
病 病 病 病 病 病

院 총10획 阜 담 원
丶 弓 阝 阝 阝 阝 陀 阰 陀 院
院 院 院 院 院 院

169	170	171	172
医	者	糸	終
イ	シャ	シ	シュウ
	もの	いと	おわる/おえる
医師(いし) 医者(いしゃ) 外科医(げかい)	学者(がくしゃ) 読者(どくしゃ) 人気者(にんきもの)	製糸(せいし) 糸(いと) 生糸(きいと)	終点(しゅうてん) 終了(しゅうりょう) 終(お)わる 終(お)える

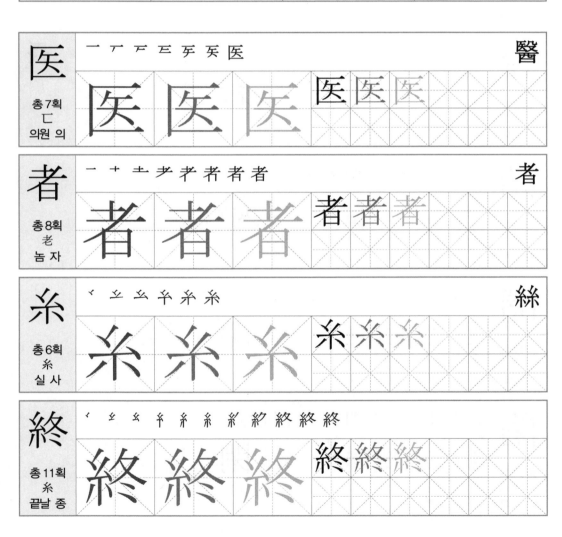

173	174	175	176
台	始	開	閉
ダイ/タイ	シ	カイ	ヘイ
	はじめる/はじまる	ひらく/あく	とじる/しまる/しめる
台所(だいどころ)	開始(かいし)	開発(かいはつ)	閉店(へいてん)
踏(ふ)み台(だい)	始(はじ)める	開(ひら)く	閉(と)じる
台風(たいふう)	始(はじ)まる	開(あ)く	閉(し)まる
			閉(し)める

台
총5획
口
토대 대

ㄥ ㄙ �台 台 台　　　　　　　　　　　　　臺

始
총8획
女
처음 시

ㄥ ㄥ 女 女´ 女´ 女台 始 始

開
총12획
門
열 개

丨 冂 冂 冂 冃 冃 門 門 門 閂 開 開

閉
총11획
門
닫을 폐

丨 冂 冂 冂 冃 冃 門 門 門 閈 閉

177	178	179	180
白	黒	赤	青
ハク	コク	セキ	セイ
しろい∨しろ(しら)	くろい∨くろ	あかい∨あか	あおい∨あお
白衣(はくい) 告白(こくはく) 白(しろ)い 白雪(しらゆき)	黒板(こくばん) 黒(くろ)い 白黒(しろくろ)	赤道(せきどう) 赤(あか)い 真(ま)っ赤(か)	青年(せいねん) 青(あお)い 青空(あおぞら)

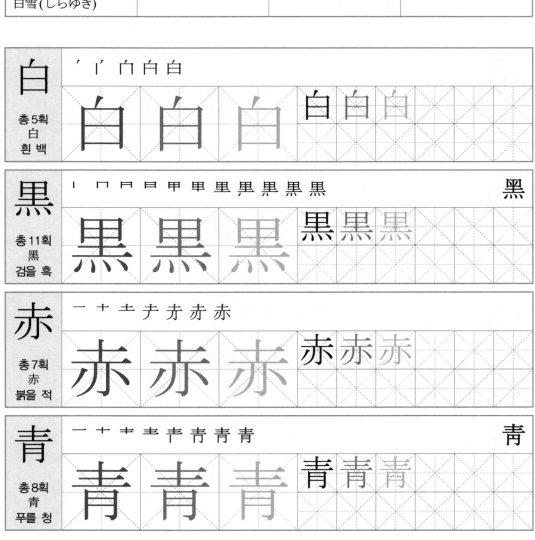

白 총 5획 白 흰 백 `´ ｲ ｲ 白 白`

黒 총 11획 黒 검을 흑 `丨 冂 冃 甲 甲 里 黒 黒 黒 黒 黒`

赤 총 7획 赤 붉을 적 `一 十 十 テ 赤 赤 赤`

青 총 8획 青 푸를 청 `一 十 キ 圭 声 青 青 青`

181	182	183	184
重	動	働	事
ジュウ/チョウ	ドウ	ドウ	ジ
おもい/かさなる	うごく/うごかす	はたらく	こと
体重(たいじゅう)	動物(どうぶつ)	労働(ろうどう)	事件(じけん)
貴重(きちょう)	運動(うんどう)	働(はたら)く	工事(こうじ)
重(おも)い	動(うご)く	働(はたら)き者(もの)	物事(ものごと)
重(かさ)なる	動(うご)かす		

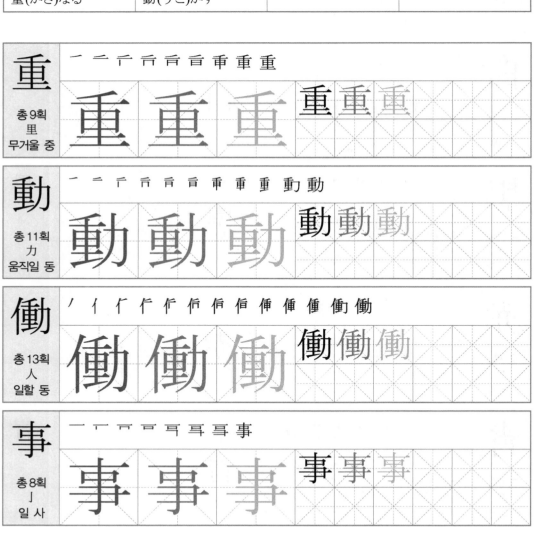

重 총9획 里 무거울 중
一 一 一 一 一 一 重 重 重

動 총11획 力 움직일 동
一 一 一 一 一 一 重 重 重 動 動

働 총13획 人 일할 동
ノ イ イ イ イ イ 仁 仁 俥 俥 倜 働 働

事 총8획 亅 일 사
一 一 一 一 写 写 写 事

185	186	187	188
仕	場	工	用
シ	ジョウ	コウ/ク	ヨウ
つかえる	ば		もちいる
仕事(しごと)	会場(かいじょう)	工場(こうじょう)	用意(ようい)
仕方(しかた)	運動場(うんどうじょう)	加工(かこう)	利用(りよう)
仕(つか)える	場所(ばしょ)	工夫(くふう)	用(もち)いる

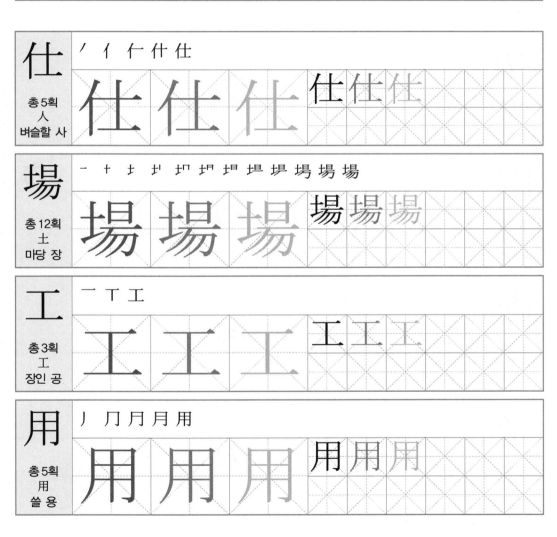

仕 총5획 人 벼슬할 사
ノ イ 仁 仕 仕

場 총12획 土 마당 장
一 十 土 圹 圹 坦 坍 坍 場 場 場 場

工 총3획 工 장인 공
一 丁 工

用 총5획 用 쓸 용
ノ 刀 月 月 用

189	190	191	192
切	内	肉	米
セツ/(サイ)	ナイ/(ダイ)	ニク	ベイ/マイ
きる	うち		こめ
切断(せつだん)	内容(ないよう)	筋肉(きんにく)	米国(べいこく)
親切(しんせつ)	市内(しない)	牛肉(ぎゅうにく)	新米(しんまい)
一切(いっさい)	境内(けいだい)		お米(こめ)
切(き)る	内側(うちがわ)		

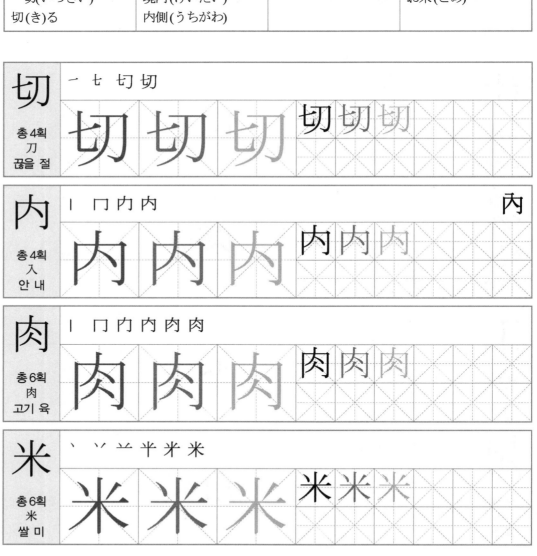

切 총4획 刀 끊을 절
一 七 切 切

内 총4획 入 안 내
丨 冂 内 内

肉 총6획 肉 고기 육
丨 冂 内 内 肉 肉

米 총6획 米 쌀 미
丶 丷 半 半 米 米

193	194	195	196
犬	牛	鳥	魚
ケン	ギュウ	チョウ	ギョ
いぬ	うし	とり	さかな/うお
愛犬(あいけん) 犬(いぬ) 子犬(こいぬ)	牛乳(ぎゅうにゅう) 牛(うし) 牛小屋(うしごや)	白鳥(はくちょう) 鳥(とり) 小鳥(ことり)	金魚(きんぎょ) 魚(さかな/うお)

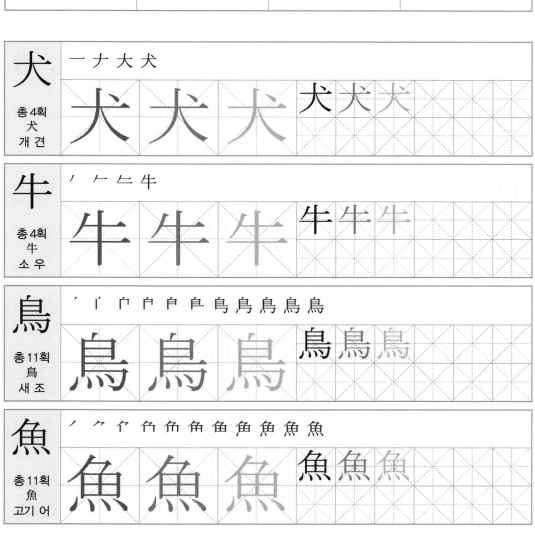

犬 一ナ大犬
총4획
犬
개 견

牛 ノ ⺡ ⺌ 牛
총4획
牛
소 우

鳥 ´ ⻌ ⼏ ⼾ ⼾ ⺕ 鳥 鳥 鳥 鳥 鳥
총11획
鳥
새 조

魚 ´ ⺈ ⼂ ⼉ ⼎ 角 角 魚 魚 魚 魚
총11획
魚
고기 어

197	198	199	200
広	店	合	答
コウ	テン	ゴウ/ガッ	トウ
ひろい	みせ	あう/あわせる	こたえる/こたえ
広告(こうこく)	店員(てんいん)	合格(ごうかく)	答案(とうあん)
広(ひろ)い	売店(ばいてん)	合体(がったい)	解答(かいとう)
広場(ひろば)	店先(みせさき)	合(あ)う	答(こた)える
		合(あ)わせる	答(こたえ)

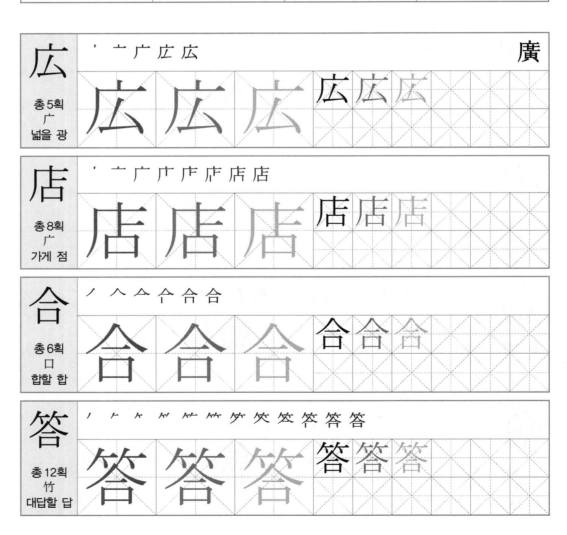

広 총 5획 广 넓을 광
` 一 广 庅 広
広 広 広 広 広 広
廣

店 총 8획 广 가게 점
` 一 广 广 广 庐 店 店
店 店 店 店 店 店

合 총 6획 口 합할 합
丿 人 人 合 合 合
合 合 合 合 合 合

答 총 12획 竹 대답할 답
丿 ノ ㇏ ㇏ 竹 竹 竺 笁 笁 答 答 答
答 答 答 答 答 答

201	202	203	204
味	音	声	色
ミ	オン/イン	セイ	ショク/シキ
あじ/あじわう	おと/ね	こえ	いろ
趣味(しゅみ) 味(あじ) 味(あじ)わう	音楽(おんがく) 子音(しいん) 音(おと) 音色(ねいろ)	音声(おんせい) 名声(めいせい) 歌声(うたごえ)	特色(とくしょく) 景色(けしき) 黄色(きいろ)

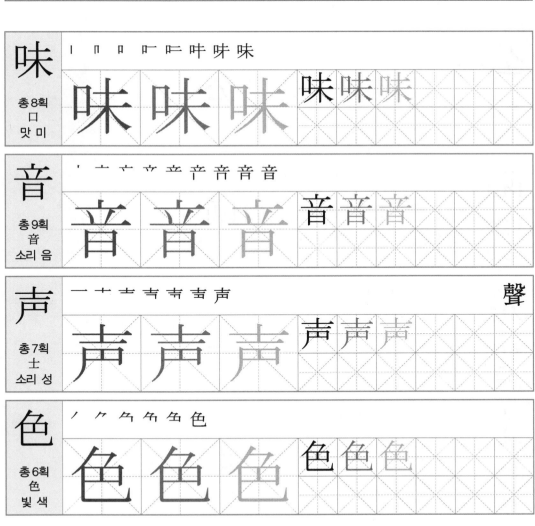

味
총8획
口
맛 미
一 丨 丨 丨 旷 旷 叶 咪 味
味 味 味 味 味 味

音
총9획
音
소리 음
丶 亠 六 立 产 产 音 音 音
音 音 音 音 音 音

声
총7획
士
소리 성
一 士 声 吉 吉 吉 声
声 声 声 声 声 声
聲

色
총6획
色
빛 색
丿 𠂉 夕 夕 色 色
色 色 色 色 色 色

205	206	207	208
公	園	足	走
コウ	エン	ソク	ソウ
おおやけ	その	あし/たりる	はしる
公園(こうえん) 公共(こうきょう) 公(おおやけ)	農園(のうえん) 動物園(どうぶつえん) 幼稚園(ようちえん) 園(その)	不足(ふそく) 足(あし) 足(た)りる	走者(そうしゃ) 脱走(だっそう) 走(はし)る

公
총 4획
八
공변될 공
ノ 八 公 公

園
총 13획
口
동산 원
丨 冂 冂 円 円 円 周 周 同 同 同 園 園

足
총 7획
足
발 족
丨 冂 口 曱 早 足 足

走
총 7획
走
달릴 주
一 十 土 キ キ 走 走

209	210	211	212
光	風	空	海
コウ	フウ	クウ	カイ
ひかる/ひかり	かぜ/(かざ)	そら	うみ
日光(にっこう) 光(ひか)る 光(ひかり)	風船(ふうせん) 北風(きたかぜ) 風向(かざむ)き	空気(くうき) 空港(くうこう) 空(そら) 星空(ほしぞら)	海外(かいがい) 海岸(かいがん) 海(うみ) 海辺(うみべ)

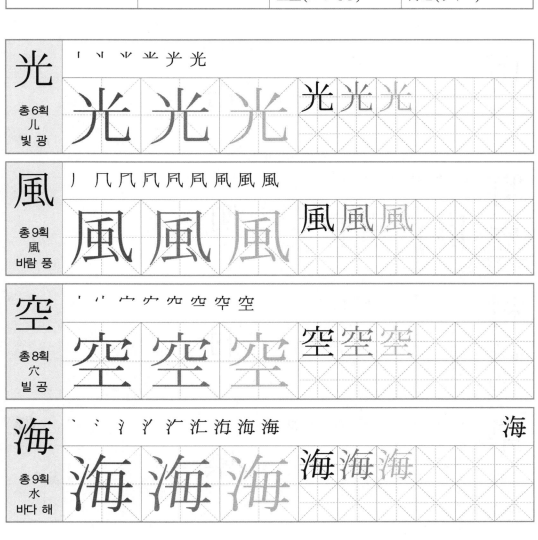

光	` ⺌ ⺌ 半 兴 光` 光 光 光 光 光 光
총6획 儿 빛 광	

風	` ノ 几 几 凤 风 凨 風 風 風` 風 風 風 風 風 風
총9획 風 바람 풍	

空	` ` ⼧ ⼧ 灾 空 空 空 空` 空 空 空 空 空 空
총8획 穴 빌 공	

海	` ` ⼸ ⼸ 氵 汇 汇 海 海 海` 海 海 海 海 海 海 海
총9획 水 바다 해	

213	214	215	216
市	町	村	県
シ	チョウ	ソン	ケン
いち	まち	むら	
市内(しない)	市町村(しちょうそん)	村長(そんちょう)	県庁(けんちょう)
市民(しみん)	横町(よこちょう)	山村(さんそん)	県立(けんりつ)
市場(いちば)	下町(したまち)	村人(むらびと)	都道府県(とどうふけん)

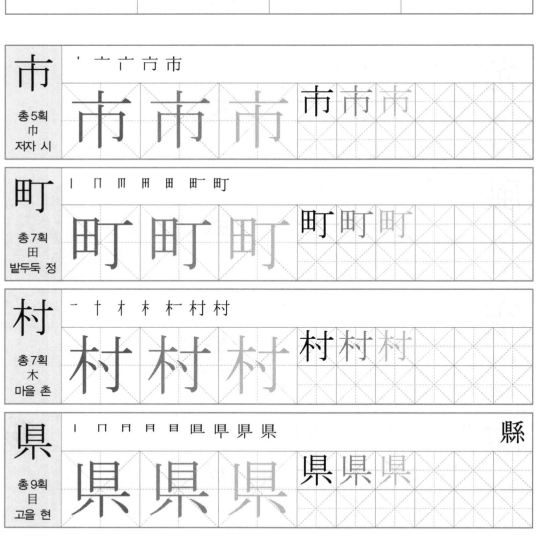

市　総5획　巾　저자 시
`ˋ 亠 广 宁 市`

町　총7획　田　밭두둑 정
`｜ 冂 冂 田 田 町 町`

村　총7획　木　마을 촌
`一 十 才 木 木 村 村`

県　총9획　目　고을 현
`｜ 冂 冂 月 目 直 directory 具 県 県`　縣

217	218	219	220
都	京	番	号
ト/ツ	キョウ/ケイ	バン	ゴウ
みやこ			
京都(きょうと)	上京(じょうきょう)	番組(ばんぐみ)	記号(きごう)
都合(つごう)	東京(とうきょう)	番号(ばんごう)	信号(しんごう)
都(みやこ)	京阪(けいはん)	順番(じゅんばん)	年号(ねんごう)

都
총 11획
邑
도읍 도

一 十 土 耂 耂 者 者 者 者⁷ 都⁹ 都　　　　　都

都 都 都 都 都 都

京
총 8획
亠
서울 경

亠 亠 亠 亨 亨 亨 京 京

京 京 京 京 京 京

番
총 12획
田
차례 번

一 二 平 平 平 来 来 番 番 番 番

番 番 番 番 番 番

号
총 5획
口
부를 호

一 口 口 号 号　　　　　號

号 号 号 号 号 号

221	222	223	224
銀	鉄	地	駅
ギン	テツ	チ/ジ	エキ
銀色(ぎんいろ)	鉄道(てつどう)	地下(ちか)	駅員(えきいん)
銀行(ぎんこう)	鉄筋(てっきん)	地球(ちきゅう)	駅弁(えきべん)
水銀(すいぎん)	地下鉄(ちかてつ)	地面(じめん)	駅前(えきまえ)

銀
총14획
金
은 은

ノ 𠂉 𠂆 𠂇 牟 牟 金 金 釒 釘 釘 鈩 鈤 銀

銀 銀 銀 銀 銀 銀

鉄
총13획
金
쇠 철

ノ 𠂉 𠂆 𠂇 牟 牟 牟 金 釒 釛 釨 鈇 鉄 　　　　　鐵

鉄 鉄 鉄 鉄 鉄 鉄

地
총6획
土
땅 지

一 十 土 圠 圳 地

地 地 地 地 地 地

駅
총14획
馬
역참 역

丨 冂 冖 厂 旷 馬 馬 馬 馬 馬 馬 駅 駅 駅 　　　　　驛

駅 駅 駅 駅 駅 駅

225	226	227	228
船	旅	乗	降
セン	リョ	ジョウ	コウ
ふね/(ふな)	たび	のる/のせる	おりる/おろす/ふる
船長(せんちょう)	旅館(りょかん)	乗客(じょうきゃく)	降水(こうすい)
船(ふね)	旅行(りょこう)	乗(の)る	降(お)りる
船便(ふなびん)	旅(たび)	乗(の)り物(もの)	降(お)ろす
	一人旅(ひとりたび)	乗(の)せる	降(ふ)る

船
총 11획
舟
배 선

´ ノ ヵ 刀 刀 舟 舟 舟´ 船 船 船

船 船 船 船 船 船

旅
총 10획
方
나그네 려

´ 亠 ㇉ 方 方 ゙ 方゙ 方゙ 旅 旅 旅

旅 旅 旅 旅 旅 旅

乗
총 9획
丿
탈 승

一 二 三 チ 千 乒 垂 乗 乗

乗

乗 乗 乗 乗 乗 乗

降
총 10획
阜
내릴 강
항복할 항

´ �3 阝 阝 阝 阝 降 降 降 降

降 降 降 降 降 降

229	230	231	232
兄	弟	姉	妹
キョウ	テイ/デ/ダイ	シ	マイ
あに	おとうと	あね	いもうと
兄弟 (きょうだい) 兄 (あに) *お兄 (にい)さん	師弟 (してい) 弟子 (でし) 弟 (おとうと)	姉妹 (しまい) 姉 (あね) *お姉 (ねえ)さん	姉妹校 (しまいこう) 妹 (いもうと)

兄　총5획　儿　맏 형
　｜ 冂 口 尸 兄

弟　총7획　弓　아우 제
　丶 丷 当 肖 弟 弟

姉　총8획　女　손윗누이 자
　乚 乆 女 女' 圹 圹 姑 姉

妹　총8획　女　누이 매
　乚 乆 女 圹 圷 圩 妹 妹

233	234	235	236
親	両	孝	考
シン	リョウ	コウ	コウ
おや/したしい/したしむ			かんがえる
親戚(しんせき) 母親(ははおや) 親(した)しい 親(した)しむ	両親(りょうしん) 両立(りょうりつ) 両面(りょうめん)	孝行(こうこう) 不孝(ふこう)	参考(さんこう) 思考(しこう) 考(かんが)える 考(かんが)え方(かた)

親
총 16획
見
친할 친

` ̍ ̍ ̍ 立 立 辛 辛 亲 亲 亲 亲 亲 親 親`

親　親　親　親　親　親

両
총 6획
一
두 량

`一 ﾉ 万 両 両 両`　　　　　　　　　兩

両　両　両　両　両　両

孝
총 7획
子
효도 효

`一 十 土 耂 耂 孝 孝`

孝　孝　孝　孝　孝　孝

考
총 6획
老
생각할 고

`一 十 土 耂 耂 考`

考　考　考　考　考　考

237	238	239	240
洋	服	美	着
ヨウ	フク	ビ	チャク
		うつくしい	きる/つく
洋服(ようふく)	服従(ふくじゅう)	美術(びじゅつ)	着実(ちゃくじつ)
洋式(ようしき)	私服(しふく)	美人(びじん)	着(き)る
東洋(とうよう)	制服(せいふく)	美(うつく)しい	着物(きもの)
			着(つ)く

洋
총9획
水
바다 양

`丶 丶 氵 氵 氵 汼 浐 洋 洋`

洋 洋 洋 洋 洋 洋

服
총8획
月
옷 복

`丿 刀 月 月 朋 朋 服 服`

服 服 服 服 服 服

美
총9획
羊
아름다울 미

`丶 丷 关 关 关 美 美 美`

美 美 美 美 美 美

着
총12획
羊
붙을 착

`丶 丷 产 关 关 差 着 着 着 着`

着 着 着 着 着 着

241	242	243	244
使	便	利	不
シ	ベン/ビン	リ	フ/ブ
つかう	たより	きく	
使用(しよう) 大使(たいし) 使(つか)う	便利(べんり) 郵便(ゆうびん) 便(たよ)り	権利(けんり) 利(き)く 右利(みぎき)き	不可能(ふかのう) 不満(ふまん) 不気味(ぶきみ)

使
총8획
人
하여금 사

ノイイ仁仨伊使

使 使 使 使 使 使

便
총9획
人
편할 편
문득 변

ノイイ仁仨仨伊便

便 便 便 便 便 便

利
총7획
刀
이로울 리

ー二千千禾利利

利 利 利 利 利 利

不
총4획
一
아니 불

一ブ不不

不 不 不 不 不 不

245	246	247	248
太	古	苦	楽
タイ	コ	ク	ラク/ガク
ふとい	ふるい	くるしい√にがい	たのしい√たのしむ
太陽(たいよう) 皇太子(こうたいし) 太(ふと)い	古代(こだい) 古典(こてん) 古(ふる)い	苦労(くろう) 苦(くる)しい 苦(にが)い	楽園(らくえん) 音楽(おんがく) 楽(たの)しい 楽(たの)しむ

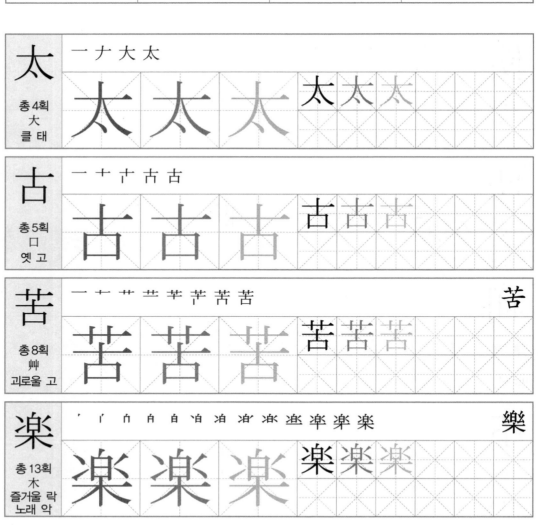

太 총4획 大 클 태   一 ナ 大 太

古 총5획 口 옛 고   一 十 十 古 古

苦 총8획 艹 괴로울 고   一 十 艹 艹 芊 芦 苦 苦   苦

楽 총13획 木 즐거울 락 노래 악   ´ ⺊ ⺊ 冖 白 自 泊 泊 泊 汹 汹 楽 楽 楽   樂

249	250	251	252
長	短	良	悪
チョウ	タン	リョウ	アク/オ
ながい	みじかい	よい	わるい
長所 (ちょうしょ)	短所 (たんしょ)	良心 (りょうしん)	悪人 (あくにん)
成長 (せいちょう)	短期 (たんき)	不良 (ふりょう)	悪夢 (あくむ)
長 (なが)い	短 (みじか)い	良 (よ)い	憎悪 (ぞうお)
			悪 (わる)い

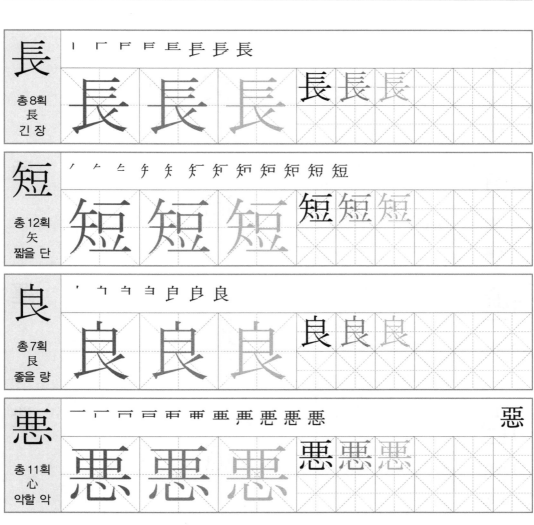

長
총 8획
長
긴 장

一 厂 厂 斤 斤 乕 镸 長

短
총 12획
矢
짧을 단

ノ ﾉ ﾆ 乍 矢 矢 矢 知 知 知 短 短

良
총 7획
艮
좋을 량

ᴗ ᒮ ラ ⧻ 良 良 良

悪
총 11획
心
악할 악

一 厂 厂 西 西 西 亜 亜 悪 悪 悪   悪

253	254	255	256
交	通	運	造
コウ	ツウ	ウン	ゾウ
まじわる/かわす	とおる/とおす/かよう	はこぶ	つくる
交通(こうつう)	共通(きょうつう)	運転(うんてん)	改造(かいぞう)
交番(こうばん)	通(とお)る	幸運(こううん)	製造(せいぞう)
交(まじ)わる	通(とお)す	運(はこ)ぶ	造(つく)る
交(かわ)す	通(かよ)う		

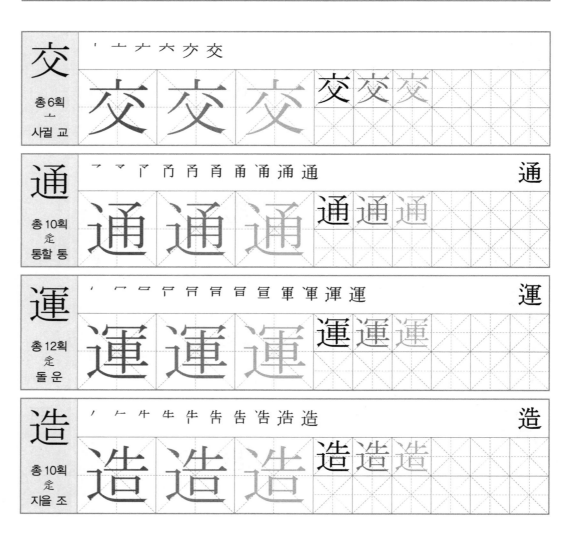

交
총6획
亠
사귈 교

`' 亠 ナ 六 亥 交`

通
총10획
辶
통할 통

`フ マ 즈 予 甬 甬 甬 涌 涌 通`　通

運
총12획
辶
돌 운

`' 一 冖 冗 冒 宣 宣 軍 軍 運 運`　運

造
총10획
辶
지을 조

`' 一 牛 生 牛 告 告 告 浩 造`　造

257	258	259	260
寺	等	数	理
ジ	トウ	スウ	リ
てら	ひとしい/など	かず/かぞえる	
寺院(じいん) お寺(てら)	上等(じょうとう) 平等(びょうどう) 等(ひと)しい 等(など)	数学(すうがく) 数(かず) 数(かぞ)える	理科(りか) 理論(りろん) 地理(ちり)

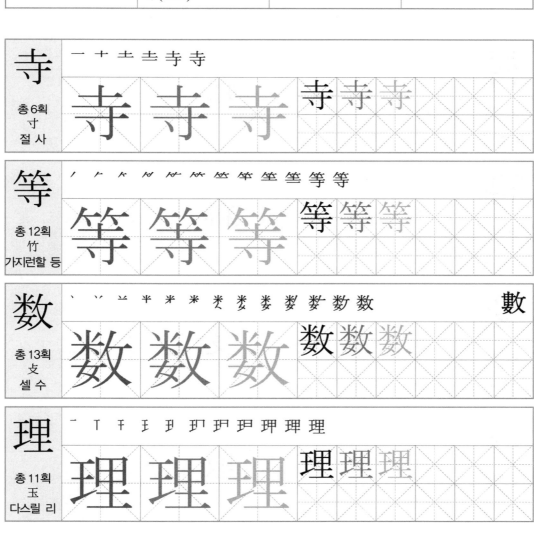

寺 총6획 寸 절 사
一 十 土 寺 寺 寺

等 총12획 竹 가지런할 등
丿 ㇏ 𠂉 𥫗 𥫗 𥫗 笁 笁 等 等

数 총13획 攵 셀 수
丶 丷 丷 半 米 米 米 娄 娄 娄 娄 数 数   數

理 총11획 玉 다스릴 리
一 丁 千 王 刊 玾 玾 玾 理 理 理

261	262	263	264
料	科	受	取
リョウ	カ	ジュ	シュ
		うける	とる
料理(りょうり)	科目(かもく)	受験(じゅけん)	取材(しゅざい)
材料(ざいりょう)	科学(かがく)	受(う)ける	取得(しゅとく)
無料(むりょう)	内科(ないか)	受付(うけつけ)	取(と)る

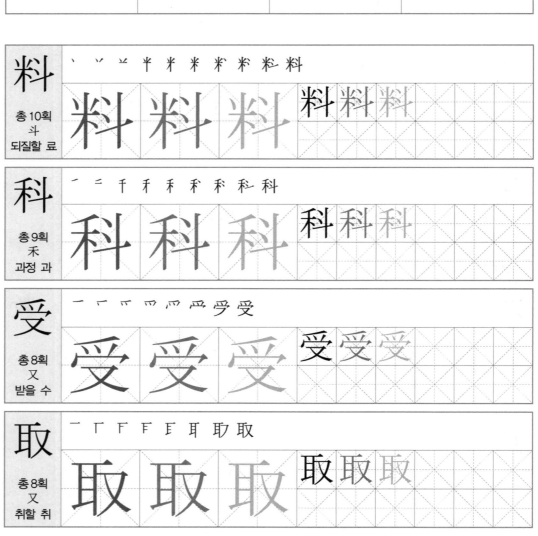

料　총 10획　斗　되질할 료
丶 丷 丷 半 米 米 米 料 料

科　총 9획　禾　과정 과
一 二 千 禾 禾 禾 科 科

受　총 8획　又　받을 수
一 ㄱ ㅛ ㅛ ㅛ 学 受 受

取　총 8획　又　취할 취
一 丁 下 下 耳 耳 取 取

265	266	267	268
集	配	計	画
シュウ	ハイ	ケイ	ガ/カク
あつまる/あつめる	くばる	はかる	
集合(しゅうごう)	配達(はいたつ)	計算(けいさん)	映画(えいが)
集(あつ)まる	配置(はいち)	合計(ごうけい)	西洋画(せいようが)
集(あつ)まり	配(くば)る	計(はか)る	計画(けいかく)
集(あつ)める			画期的(かっきてき)

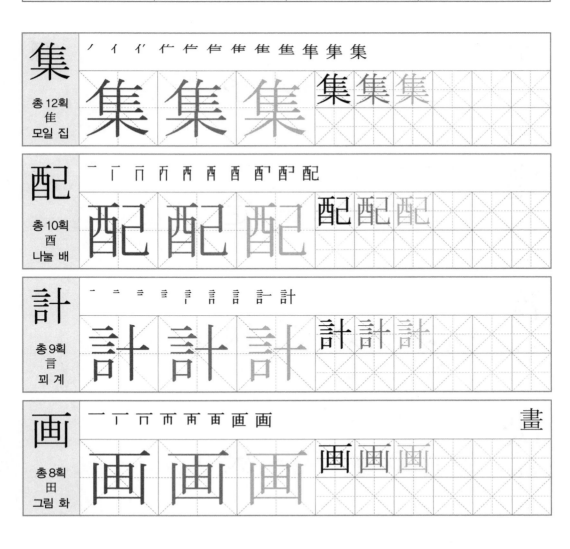

集 총 12획 隹 모일 집
ノ イ イ´ 仁 仨 仹 隹 隹 隹 集 集

配 총 10획 酉 나눌 배
一 ㄵ ㄵ 西 西 酉 酉 酉 酉 配

計 총 9획 言 꾀 계
一 二 亖 言 言 言 言 計

画 총 8획 田 그림 화
一 丁 亍 帀 币 両 面 画 画 　 畫

269	270	271	272
予	定	次	決
ヨ	テイ	ジ	ケツ
あらかじめ	さだめる/さだか	つぐ/つぎ	きめる/きまる
予定(よてい)	定価(ていか)	次回(じかい)	決意(けつい)
予約(よやく)	固定(こてい)	目次(もくじ)	対決(たいけつ)
予(あらかじ)め	定(さだ)める	次(つ)ぐ	決(き)める
	定(さだ)か	次(つぎ)	決(き)まる

予　총4획　ㅣ　미리 예

豫

定　총8획　宀　정할 정

次　총6획　欠　버금 차

決　총7획　水　결정할 결

273	274	275	276
去	法	困	団
キョ/コ	ホウ	コン	ダン
さる		こまる	
去年 (きょねん) 過去 (かこ) 去 (さ) る	法律 (ほうりつ) 方法 (ほうほう) 作法 (さほう)	困難 (こんなん) 貧困 (ひんこん) 困 (こま) る	団体 (だんたい) 団地 (だんち) 集団 (しゅうだん)

去　総5획　ム　갈 거　一 十 土 去 去

法　총8획　水　법 법　丶 丶 氵 氵 汁 泮 法 法

困　총7획　口　괴로울 곤　丨 冂 日 用 困 困 困

団　총6획　口　둥글 단　丨 冂 日 円 団 団　團

277	278	279	280
石	庭	野	原
セキ	テイ	ヤ	ゲン
いし	にわ	の	はら
石油(せきゆ)	家庭(かてい)	野球(やきゅう)	原因(げんいん)
化石(かせき)	校庭(こうてい)	分野(ぶんや)	原子力(げんしりょく)
石(いし)	庭(にわ)	野原(のはら)	原(はら)

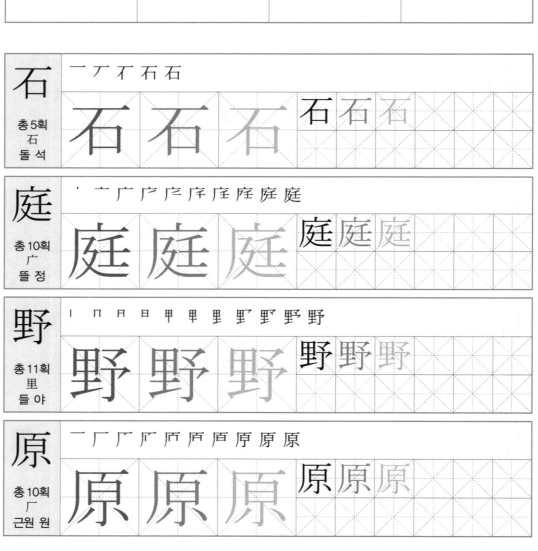

石 一ナ丆石石
총 5획
石
돌 석

庭 一广广广广庐庄庭庭
총 10획
广
뜰 정

野 一冂日日甲甲里里野野野
총 11획
里
들 야

原 一厂厂厂厂后盾盾原原原
총 10획
厂
근원 원

281	282	283	284
草	葉	芽	薬
ソウ	ヨウ	ガ	ヤク
くさ	は	め	くすり
海草(かいそう) 草(くさ) 草花(くさばな)	紅葉(こうよう) 葉(は) 若葉(わかば) 言葉(ことば)	発芽(はつが) 木(き)の芽(め) 芽生(めば)える	薬品(やくひん) 薬局(やっきょく) 薬(くすり) 薬指(くすりゆび)

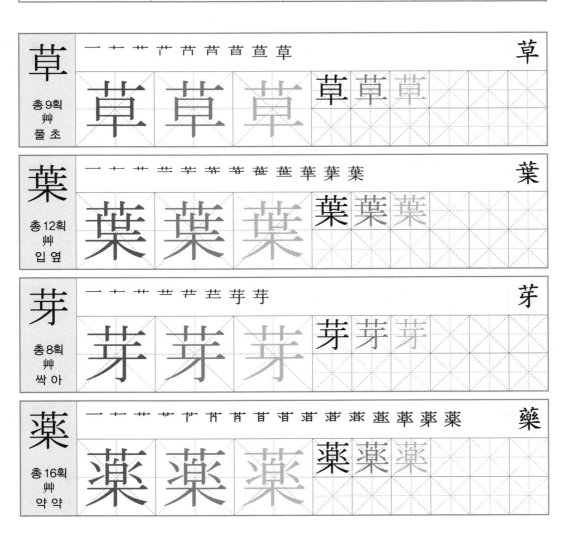

草 총 9획 艹 풀 초
一 十 艹 芦 芦 芦 苔 苷 草

葉 총 12획 艹 입 엽
一 十 艹 芊 芊 芊 茔 並 萨 華 葉 葉

芽 총 8획 艹 싹 아
一 十 艹 芦 芦 芒 芽 芽

薬 총 16획 艹 약 약
一 十 艹 芦 芦 芦 苗 苗 苗 苗 萨 蓝 薄 蓮 薬 薬

285	286	287	288
暑	寒	温	度
ショ	カン	オン	ド
あつい	さむい	あたたかい	たび
残暑 (ざんしょ)	寒流 (かんりゅう)	温室 (おんしつ)	度胸 (どきょう)
避暑 (ひしょ)	防寒 (ぼうかん)	保温 (ほおん)	制度 (せいど)
暑 (あつ)い	寒 (さむ)い	温 (あたた)かい	態度 (たいど)
			一度 (いちど/ひとたび)

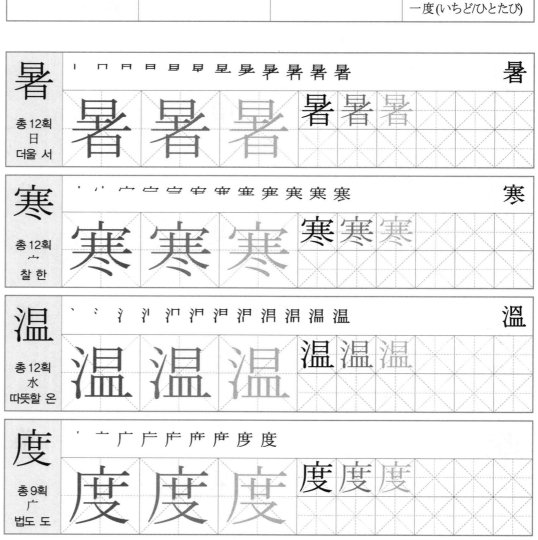

暑　총12획　日　더울 서
ㅣ 冂 日 日 冒 早 星 导 昇 暑 暑 暑

寒　총12획　宀　찰 한
丶 宀 宀 宀 宵 宵 宭 実 実 寒 寒 寒

温　총12획　水　따뜻할 온
丶 丶 氵 汈 沪 沪 沪 沪 渭 渭 温 温

度　총9획　广　법도 도
丶 亠 广 广 庐 庐 庐 度 度

289	290	291	292
世	界	平	和
セイ/セ	カイ	ヘイ/ビョウ	ワ
よ		ひら/たいら	なごむ/(やまと)
世紀(せいき)	境界(きょうかい)	平和(へいわ)	和解(わかい)
世界(せかい)	業界(ぎょうかい)	平等(びょうどう)	温和(おんわ)
世(よ)の中(なか)	限界(げんかい)	平社員(ひらしゃいん)	和(なご)む
		平(たい)ら	大和(やまと)

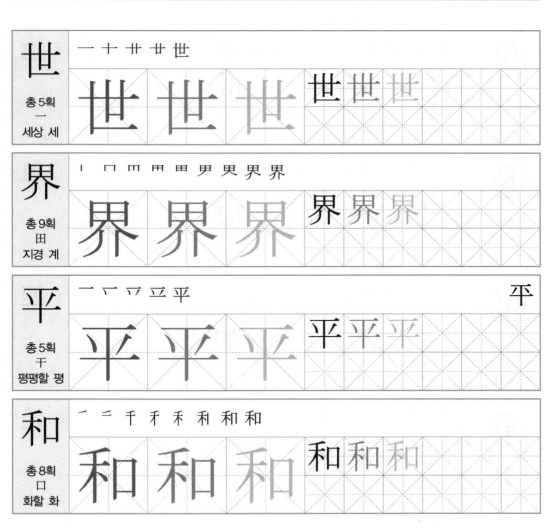

世　一 十 廿 卅 世
총 5획
一
세상 세

界　丨 冂 冂 冊 冊 界 界 界 界
총 9획
田
지경 계

平　一 丆 亓 平 平
총 5획
干
평평할 평

和　丿 二 千 千 禾 和 和 和
총 8획
口
화할 화

293	294	295	296
進	退	速	達
シン	タイ	ソク	タツ/タチ
すすむ	しりぞく	はやい	
進行(しんこう) 進歩(しんぽ) 進(すす)む	退院(たいいん) 引退(いんたい) 退(しりぞ)く	速度(そくど) 高速(こうそく) 速(はや)い	達成(たっせい) 伝達(でんたつ) 友達(ともだち)

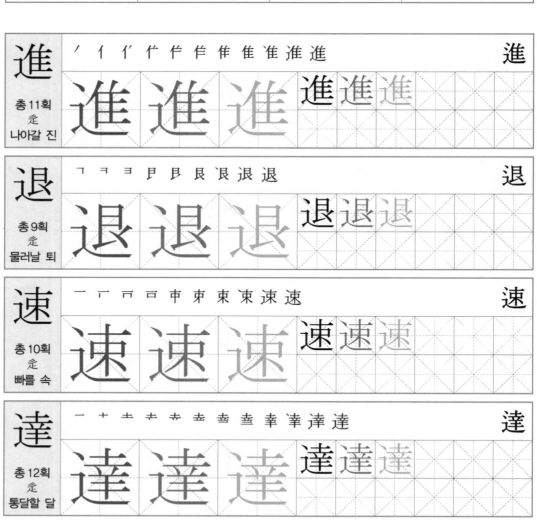

進 총 11획 辶 나아갈 진
ノ イ イ 厂 作 乍 隹 隹 淮 進 進 進

退 총 9획 辶 물러날 퇴
フ ヨ ヨ 艮 艮 艮 退 退 退

速 총 10획 辶 빠를 속
一 一 戸 戸 吉 束 束 束 涑 速 速

達 총 12획 辶 통달할 달
一 十 士 圥 奉 幸 幸 幸 羍 達 達 達

297	298	299	300
有	無	引	当
ユウ/ウ	ム/ブ	イン	トウ
ある	ない	ひく	あたる/あてる
有料(ゆうりょう)	無理(むり)	引力(いんりょく)	当選(とうせん)
所有(しょゆう)	無事(ぶじ)	引用(いんよう)	当(あ)たる
有無(うむ)	台無(だいな)し	引(ひ)く	日当(ひあ)たり
有(あ)る			当(あ)てる

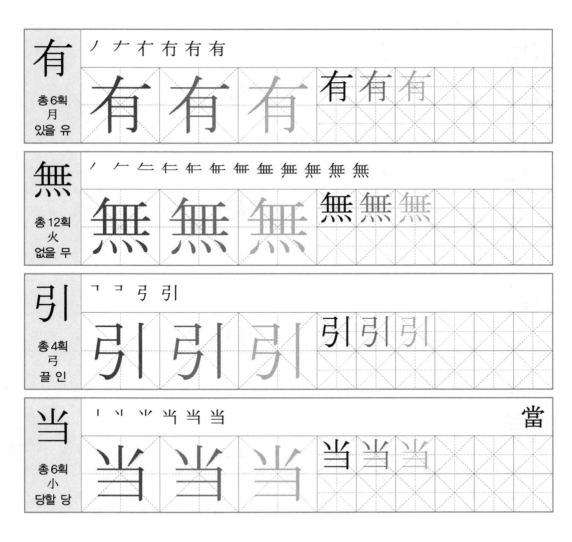

有 총6획 月 있을 유	ノ ナ 广 冇 冇 有
無 총12획 火 없을 무	ノ ケ ヒ 느 冘 伍 垂 無 無 無 無 無
引 총4획 弓 끌 인	ㄱ ㄱ 弓 引
当 총6획 小 당할 당	ㅣ ㅗ ㅛ 当 当 当 當

301	302	303	304
得	失	損	害
トク	シツ	ソン	ガイ
える/うる	うしなう	そこなう/そこねる	
得失(とくしつ) 納得(なっとく) 得(え)る 得(う)る	失敗(しっぱい) 失礼(しつれい) 失(うしな)う	損害(そんがい) 破損(はそん) 損(そこ)なう 損(そこ)ねる	公害(こうがい) 水害(すいがい) 被害(ひがい)

得 총 11획 彳 얻을 득

ノ ク イ 彳 彳 彳 彳 彳 得 得 得

得 得 得 得 得 得

失 총 5획 大 잃을 실

ノ 片 午 失 失

失 失 失 失 失 失

損 총 13획 手 덜 손

一 十 扌 扌 扩 护 护 捐 捐 捐 損 損

損 損 損 損 損 損

害 총 10획 宀 해칠 해

丶 宀 宀 宀 宀 宇 宝 害 害 害

害 害 害 害 害 害

305	306	307	308
初	末	代	式
ショ	マツ	ダイ/タイ	シキ
はつ/はじめて	すえ	かわる/よ	
初級(しょきゅう)	結末(けつまつ)	時代(じだい)	式場(しきじょう)
初恋(はつこい)	年末(ねんまつ)	交代(こうたい)	正式(せいしき)
初(はじ)めて	末(すえ)っ子(こ)	代(か)わる	結婚式(けっこんしき)
		代(よ)	

初
총 7획
刀
처음 초

` フ ラ ネ ネ 初 初

初 初 初 初 初 初

末
총 5획
木
끝 말

一 二 キ 才 末

末 末 末 末 末 末

代
총 5획
人
대신할 대

ノ イ 仁 代 代

代 代 代 代 代 代

式
총 6획
弋
법 식

一 二 テ 王 式 式

式 式 式 式 式 式

309	310	311	312
紙	続	線	練
シ	ゾク	セン	レン
かみ	つづく/つづき		ねる
紙面(しめん) 表紙(ひょうし) 紙(かみ)	連続(れんぞく) 続(つづ)く 続(つづ)き 手続(てつづ)き	線路(せんろ) 視線(しせん) 直線(ちょくせん)	練習(れんしゅう) 訓練(くんれん) 練(ね)る

紙 총 10획 糸 종이 지	⟨ 纟 纟 纟 纤 纤 糸 紅 紅 紙 紙 紙 紙 紙 紙 紙 紙

続 총 13획 糸 이을 속	⟨ 纟 纟 纟 纤 纤 糸 紅 紆 続 続 続 続 續 続 続 続 続 続 続

線 총 15획 糸 줄 선	⟨ 纟 纟 纟 纤 纤 糸 紆 紆 納 納 絈 絈 綿 綿 線 線 線 線 線 線 線

練 총 14획 糸 익힐 련	⟨ 纟 纟 纟 纤 纤 糸 紅 紆 紛 紳 綿 練 練 練 練 練 練 練 練 練

313	314	315	316
頭	顔	面	指
トウ/ズ	ガン	メン	シ
あたま	かお	おも/おもて	ゆび/さす
頭部(とうぶ) 頭脳(ずのう) 頭(あたま)	顔面(がんめん) 洗顔(せんがん) 顔(かお)	面会(めんかい) 場面(ばめん) 面影(おもかげ) 面(おもて)	指示(しじ) 指(ゆび) 指(さ)す

頭
총 16획
頁
머리 두

一 厂 亣 匸 弖 豆 豆 豆 豇 豇 頭 頭 頭 頭 頭 頭

頭 頭 頭 頭 頭 頭

顔
총 18획
頁
얼굴 안

丶 亠 产 产 立 产 彦 彦 彦 彦 彦 顔 顔 顔 顔 顔

顔 顔 顔 顔 顔 顔

面
총 9획
面
낯 면

一 厂 厂 而 而 面 面 面 面

面 面 面 面 面 面

指
총 9획
手
손가락 지

一 十 扌 扗 护 拃 指 指 指

指 指 指 指 指 指

317	318	319	320
政	治	芸	術
セイ	ジ/チ	ゲイ	ジュツ
まつりごと	おさめる/なおる		
政治(せいじ)	治療(ちりょう)	芸術(げいじゅつ)	技術(ぎじゅつ)
政府(せいふ)	明治(めいじ)	芸能(げいのう)	手術(しゅじゅつ)
政(まつりごと)	治(おさ)める	民芸(みんげい)	美術(びじゅつ)
	治(なお)る		

政
총9획
攵
정사 정

一 丁 下 正 正 政 政 政 政

政 政 政 政 政 政

治
총8획
水
다스릴 치

丶 氵 氵 泸 浐 治 治 治

治 治 治 治 治 治

芸
총7획
艹
심을 예

一 艹 芸 芸 芸 芸 芸

藝

芸 芸 芸 芸 芸 芸

術
총11획
行
재주 술

丿 彳 彳 彳 竹 彴 術 術 術 術 術

術 術 術 術 術 術

321	322	323	324
問	題	研	究
モン	ダイ	ケン	キュウ
とう		とぐ/みがく	きわめる
質問(しつもん) 訪問(ほうもん) 問(と)い合(あ)わせ	宿題(しゅくだい) 問題(もんだい) 話題(わだい)	研究(けんきゅう) 研(と)ぐ 研(みが)く	究明(きゅうめい) 探究(たんきゅう) 究(きわ)める

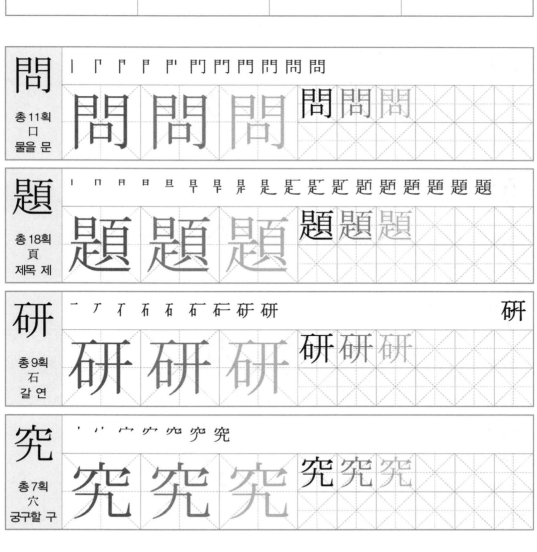

問
총 11획
口
물을 문

| ㇑ ㇅ ㇅ ㇅ ㇅ 門 門 門 問 問

題
총 18획
頁
제목 제

研
총 9획
石
갈 연

究
총 7획
穴
궁구할 구

325	326	327	328
弓	矢	刀	丁
キュウ	シ	トウ	チョウ/テイ
ゆみ	や	かたな	
弓術 (きゅうじゅつ) 弓 (ゆみ) 弓取 (ゆみと) り	矢印 (やじるし) 矢先 (やさき) 弓矢 (ゆみや)	日本刀 (にほんとう) 木刀 (ぼくとう) 刀 (かたな)	一丁目 (いっちょうめ) 包丁 (ほうちょう) 丁寧 (ていねい)

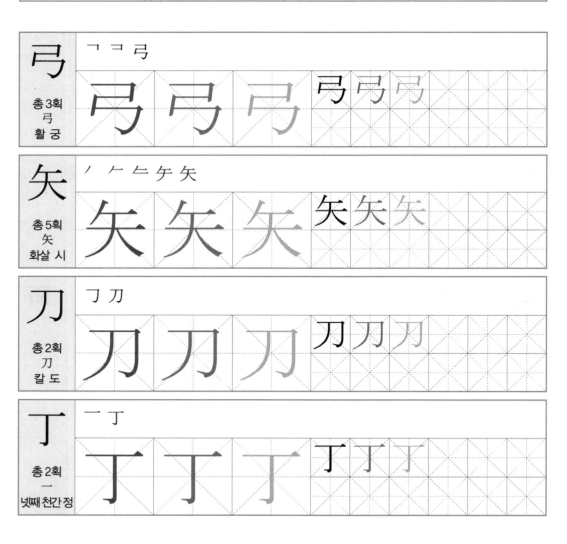

弓	ー ゔ 弓					
총3획 弓 활 궁	弓	弓	弓	弓	弓	弓

矢	ノ ケ ヒ 仁 矢					
총5획 矢 화살 시	矢	矢	矢	矢	矢	矢

刀	フ 刀					
총2획 刀 칼 도	刀	刀	刀	刀	刀	刀

丁	一 丁					
총2획 一 넷째 천간 정	丁	丁	丁	丁	丁	丁

329	330	331	332
麦	豆	丸	球
バク	トウ/ズ	ガン	キュウ
むぎ	まめ	まるい/まる	たま
麦(むぎ) 小麦(こむぎ) 麦茶(むぎちゃ)	豆乳(とうにゅう) 大豆(だいず) 豆(まめ) 枝豆(えだまめ)	弾丸(だんがん) 丸(まる)い 丸顔(まるがお)	電球(でんきゅう) 地球(ちきゅう) 球(たま)

麦 총7획 麥 보리 맥
一 二 丰 丰 声 麦 麦

豆 총7획 豆 콩 두
一 丁 币 戸 戸 豆 豆

丸 총3획 、 알 환
丿 九 丸

球 총11획 玉 공 구
一 丁 王 王 王 玣 玝 玝 球 球 球

333	334	335	336
形	様	皿	君
ケイ/ギョウ	ヨウ		クン
かた/かたち	さま	さら	きみ
形式(けいしき) 人形(にんぎょう) 形見(かたみ) 形(かたち)	様子(ようす) 模様(もよう) 神様(かみさま)	お皿(さら) 小皿(こざら) 灰皿(はいざら)	君子(くんし) 君主(くんしゅ) 君(きみ)

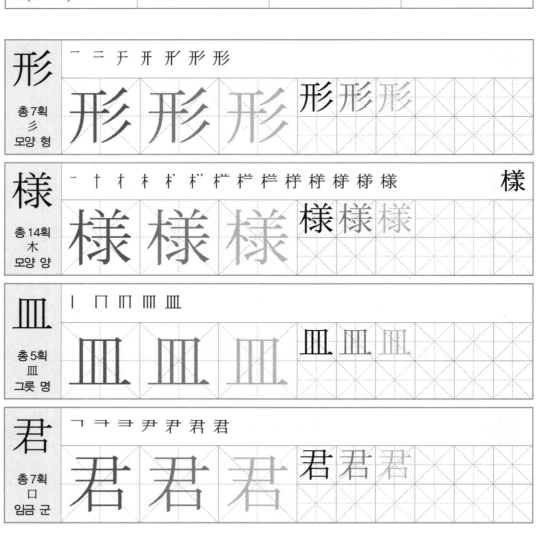

形 총7획 彡 모양 형
一 二 干 开 形 形 形

様 총14획 木 모양 양
一 十 オ オ 术 术 样 栏 栏 样 样 様 様 様 様

皿 총5획 皿 그릇 명
丨 冂 冂 皿 皿

君 총7획 口 임금 군
フ ヲ ヲ 尹 尹 君 君

337	338	339	340
区	州	里	郡
ク	シュウ	リ	グン
	す	さと	
区別(くべつ) 区役所(くやくしょ) 地区(ちく)	九州(きゅうしゅう) 本州(ほんしゅう) 州(す)	郷里(きょうり) 里(さと) 里帰(さとがえ)り	郡部(ぐんぶ)

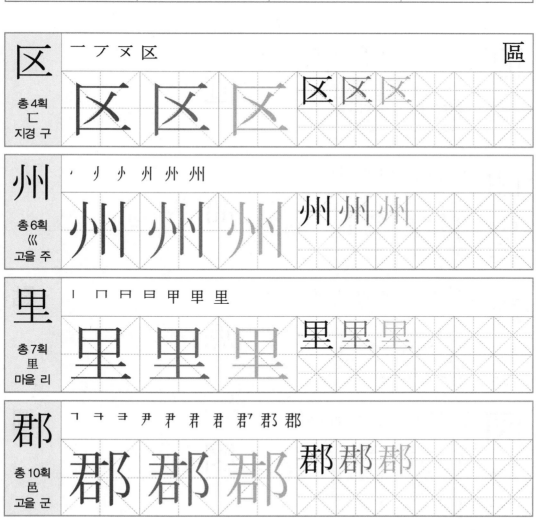

区
총4획
匚
지경 구

一 フ 又 区

区 区 区 区 区 区

州
총6획
巛
고을 주

丶 ノ ノ 汁 州 州

州 州 州 州 州 州

里
총7획
里
마을 리

丨 冂 日 日 甲 里 里

里 里 里 里 里 里

郡
총10획
邑
고을 군

フ ㄱ ㅋ 尹 尹 君 君 郡 郡 郡

郡 郡 郡 郡 郡 郡

341	342	343	344
直	曲	点	図
チョク/ジキ	キョク	テン	ズ/ト
なおる/なおす	まがる/まげる		はかる
直接(ちょくせつ)	曲線(きょくせん)	点数(てんすう)	地図(ちず)
正直(しょうじき)	作曲(さっきょく)	弱点(じゃくてん)	図書(としょ)
素直(すなお)	曲(ま)がる	要点(ようてん)	意図(いと)
直(なお)る	曲(ま)げる		図(はか)る

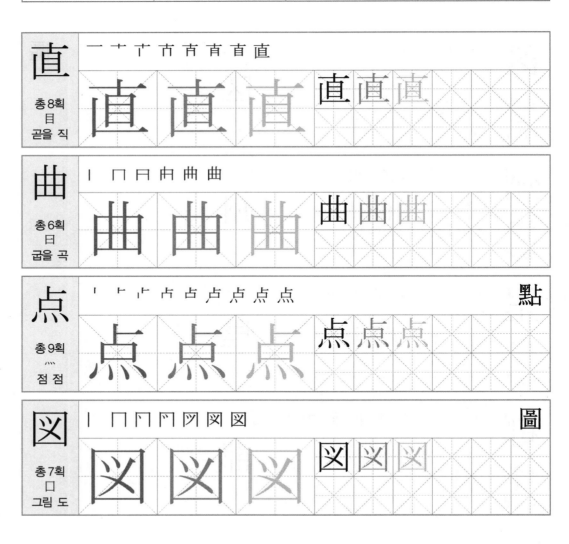

直 총8획 目 곧을 직
一 十 十 古 古 苜 直 直

曲 총6획 日 굽을 곡
丨 冂 日 由 曲 曲

点 총9획 灬 점 점
丶 卜 占 占 占 卢 点 点 点　　點

図 총7획 囗 그림 도
丨 冂 冂 図 図 図 図　　圖

345	346	347	348
竹	算	箱	筆
チク	サン		ヒツ
たけ		はこ	ふで
竹林(ちくりん) 竹(たけ) 竹の子(たけのこ)	算数(さんすう) 予算(よさん) 暗算(あんざん)	箱(はこ) 本箱(ほんばこ) 薬箱(くすりばこ)	筆記(ひっき) 鉛筆(えんぴつ) 筆(ふで) 筆箱(ふでばこ)

竹 총6획 竹 대 죽
ノ ナ 竹 竹 竹 竹
竹 竹 竹 竹 竹 竹

算 총14획 竹 셀 산
ノ ナ ケ ゲ ゲ 竺 竺 笪 笪 笪 筲 笪 算 算
算 算 算 算 算 算

箱 총15획 竹 상자 상
ノ ナ ケ ゲ ゲ 竺 竺 竺 符 符 箱 箱 箱 箱 箱
箱 箱 箱 箱 箱 箱

筆 총12획 竹 붓 필
ノ ナ ケ ゲ 竺 竺 筆 筆 筆 筆 筆 筆
筆 筆 筆 筆 筆 筆

349	350	351	352
毛	羽	角	馬
モウ	(ウ)	カク	バ
け	は/はね	かど/つの	うま
毛布(もうふ) 羊毛(ようもう) 髪(かみ)の毛(け)	羽織(はおり) 白羽(しらは) 羽(はね)	三角(さんかく) 角(かど) 角(つの)	馬車(ばしゃ) 乗馬(じょうば) 馬(うま)

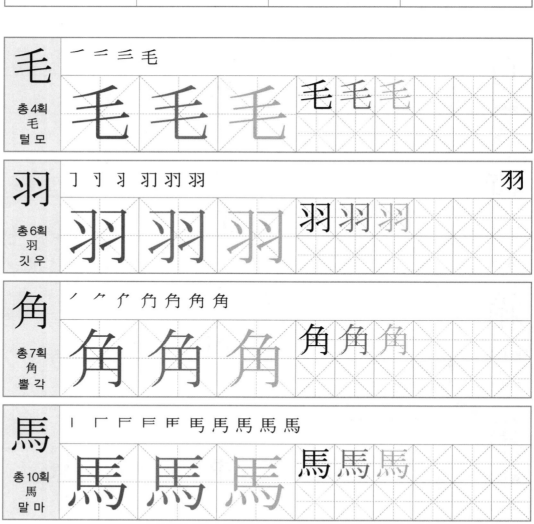

毛　총4획　毛　털 모
一二三毛
毛 毛 毛 毛 毛 毛

羽　총6획　羽　깃 우
丁 丁 刃 羽 羽 羽
羽 羽 羽 羽 羽 羽

角　총7획　角　뿔 각
ノ ク 勺 角 角 角 角
角 角 角 角 角 角

馬　총10획　馬　말 마
｜ 厂 厂 厍 馬 馬 馬 馬 馬 馬
馬 馬 馬 馬 馬 馬

353	354	355	356
星	雲	岩	氷
セイ	ウン	ガン	ヒョウ
ほし	くも	いわ	こおり
星座(せいざ)	雲海(うんかい)	岩石(がんせき)	氷山(ひょうざん)
火星(かせい)	雲(くも)	岩(いわ)	氷(こおり)
星(ほし)	雲行(くもゆ)き	岩山(いわやま)	氷水(こおりみず)
星空(ほしぞら)			

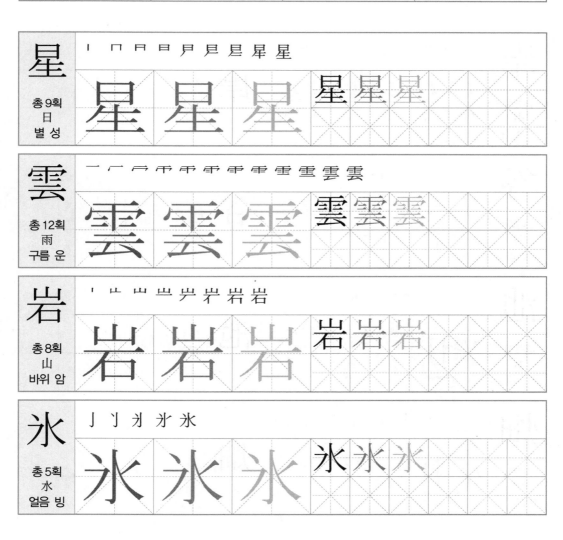

星
총 9획
日
별 성

一 ㄇ 冂 日 旦 尸 戸 冔 星

雲
총 12획
雨
구름 운

一 ㄷ 厂 厂 雨 雨 雨 雰 雰 雲 雲 雲

岩
총 8획
山
바위 암

一 �屮 屮 屵 屵 岸 岩 岩

氷
총 5획
水
얼음 빙

丿 ㇏ 刈 氺 氷

357	358	359	360
岸	谷	池	畑
ガン	コク	チ	
きし	たに	いけ	はたけ/はた
沿岸 (えんがん) 海岸 (かいがん) 岸辺 (きしべ)	渓谷 (けいこく) 谷 (たに) 谷間 (たにま)	電池 (でんち) 池 (いけ) 古池 (ふるいけ)	畑 (はたけ) 麦畑 (むぎばたけ) 田畑 (たはた)

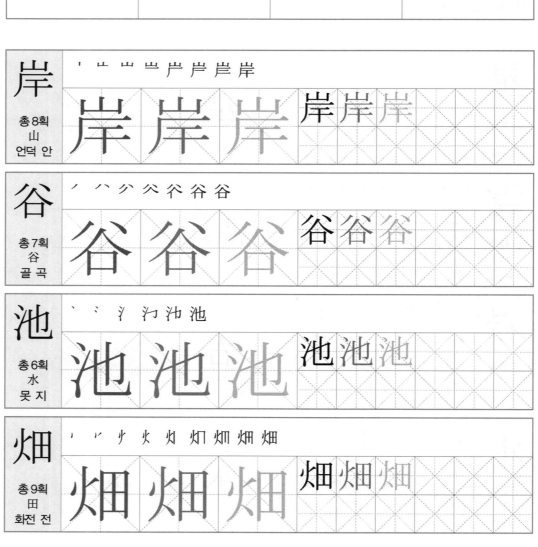

岸
총8획
山
언덕 안
` 屵 屵 屵 屵 岸 岸 岸`

谷
총7획
谷
골 곡
`ノ 八 ク 父 ぺ 谷 谷`

池
총6획
水
못 지
`丶 丶 氵 汁 池 池`

畑
총9획
田
화전 전
`丶 ン 火 火 灯 炉 炉 畑 畑`

361	362	363	364
湖	島	河	坂
コ	トウ	カ	ハン
みずうみ	しま	かわ	さか
湖水(こすい)	半島(はんとう)	河川(かせん)	坂(さか)
びわ湖(こ)	列島(れっとう)	運河(うんが)	坂道(さかみち)
湖(みずうみ)	島(しま)	河(かわ)	上(のぼ)り坂(ざか)
	島国(しまぐに)		下(くだ)り坂(ざか)

湖
총 12획
水
호수 호

ヽ ヽ ? ? 汁 汁 沽 沽 沽 湖 湖 湖

湖 湖 湖 湖 湖 湖

島
총 10획
山
섬 도

′ ┌ ┌ ┌ ┌ 户 鳥 鳥 島 島

島 島 島 島 島 島

河
총 8획
水
물 하

ヽ ヽ ? ? ? ? 河 河

河 河 河 河 河 河

坂
총 7획
土
비탈 판

一 十 土 圹 圹 坂 坂

坂 坂 坂 坂 坂 坂

365 歯	366 鼻	367 血	368 身
シ	ビ	ケツ	シン
は	はな	ち	み
歯科(しか) 歯(は) 虫歯(むしば)	耳鼻科(じびか) 鼻水(はなみず) 鼻声(はなごえ)	血液(けつえき) 出血(しゅっけつ) 鼻血(はなぢ)	自分自身(じぶんじしん) 出身(しゅっしん) 身分(みぶん)

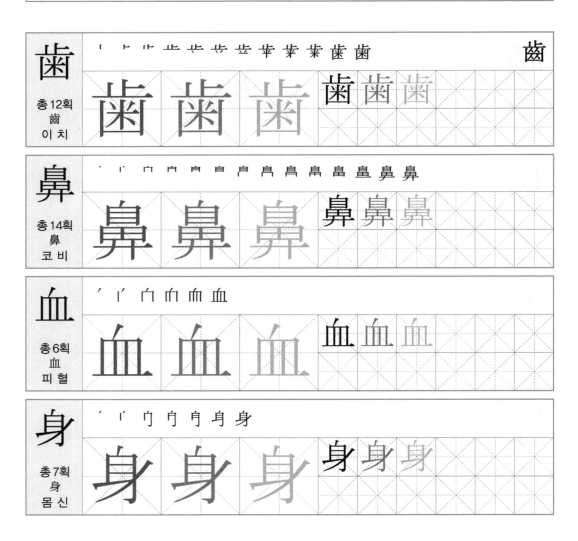

歯
총 12획
齒
이 치
丨 ŀ 뀨 歩 歩 歩 步 芇 芇 茏 茵 歯　　　　歯
歯 歯 歯 歯 歯 歯

鼻
총 14획
鼻
코 비
ʼ ʼ 冂 冃 自 自 户 自 皀 畠 畠 皀 鼻 鼻
鼻 鼻 鼻 鼻 鼻 鼻

血
총 6획
血
피 혈
ʼ 亻 冂 血 血 血
血 血 血 血 血 血

身
총 7획
身
몸 신
ʼ 亻 冂 勽 身 身 身
身 身 身 身 身 身

369	370	371	372
命	死	幸	福
メイ/ミョウ	シ	コウ	フク
いのち	しぬ	さいわい∨しあわせ	
命令(めいれい)	死亡(しぼう)	幸福(こうふく)	福祉(ふくし)
運命(うんめい)	必死(ひっし)	幸(さいわ)い	福袋(ふくぶくろ)
寿命(じゅみょう)	死(し)ぬ	幸(しあわ)せ	祝福(しゅくふく)
命(いのち)			

命
총 8획
口
목숨 명

ノ 人 人 仝 合 合 命 命

命　命　命　命　命　命

死
총 6획
歹
죽을 사

一 厂 歹 歹 死 死

死　死　死　死　死　死

幸
총 8획
干
다행 행

一 十 土 去 去 幸 幸 幸

幸　幸　幸　幸　幸　幸

福
총 13획
示
복 복

` ゙ ラ ネ ネ ネ ネ 衤 衤 福 福 福 福　　　福

福　福　福　福　福　福

373	374	375	376
細	弱	軽	悲
サイ	ジャク	ケイ	ヒ
ほそい/こまかい	よわい	かるい	かなしい/かなしむ
細工(さいく) 細(ほそ)い 細(こま)かい	弱点(じゃくてん) 弱(よわ)い 弱虫(よわむし)	軽率(けいそつ) 軽(かる)い 気軽(きがる)	慈悲(じひ) 悲(かな)しい 悲(かな)しむ

細
총 11획
糸
가늘 세

`´ ⺕ ⺌ ⺾ 糸 糸 糹 紬 細 細 細`

細 細 細 細 細 細

弱
총 10획
弓
약할 약

`フ フ 弓 弓 弓 弓´ 弓¹ 弱 弱 弱　　　　弱`

弱 弱 弱 弱 弱 弱

軽
총 12획
車
가벼울 경

`一 ⺋ ⺋ ⺿ ⻆ 目 車 軒 軒 軽 軽 軽　　軽`

軽 軽 軽 軽 軽 軽

悲
총 12획
心
슬플 비

`丿 刁 ヲ ヲ ⺕ ⺮ 非 非 非 非 悲 悲`

悲 悲 悲 悲 悲 悲

377	378	379	380
深	浅	感	覚
シン	セン	カン	カク
ふかい	あさい		おぼえる/さめる
深夜(しんや) 深(ふか)い 奥深(おくぶか)い	浅薄(せんぱく) 浅(あさ)い	感覚(かんかく) 感動(かんどう) 予感(よかん)	覚悟(かくご) 自覚(じかく) 覚(おぼ)える 覚(さ)める

深 총 11획 水 깊을 심	丶 丶 氵 氵 氵 氵 氵 浮 浮 深 深 深 深 深 深 深 深 深

浅 총 9획 水 얕을 천	丶 丶 氵 氵 氵 浅 浅 浅 　　　　　　　　　　淺 浅 浅 浅 浅 浅 浅

感 총 13획 心 느낄 감	丿 厂 厂 厂 厂 咸 咸 咸 咸 感 感 感 感 感 感 感 感 感

覚 총 12획 見 깨달을 각	丶 丶 丷 丷 学 学 学 学 学 覚 覚 　　　　　覺 覚 覚 覚 覚 覚 覚

381	382	383	384
永	泳	皮	波
エイ	エイ	ヒ	ハ
ながい	およぐ	かわ	なみ
永久 (えいきゅう) 永住 (えいじゅう) 永 (なが)い	水泳 (すいえい) 泳 (およ)ぐ 泳 (およ)ぎ方 (かた)	皮膚 (ひふ) 皮 (かわ) 毛皮 (けがわ)	波乱 (はらん) 波動 (はどう) 波風 (なみかぜ)

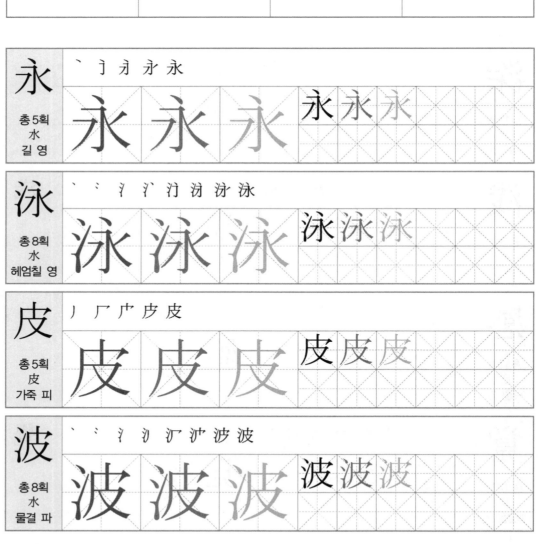

永 총5획 水 길 영
`丿丁才永永

泳 총8획 水 헤엄칠 영
`氵氵氵汀汀泳泳泳

皮 총5획 皮 가죽 피
丿厂广皮皮

波 총8획 水 물결 파
`氵氵氵氵汀沪波波

385	386	387	388
相	想	反	板
ソウ/ショウ	ソウ	ハン	ハン/バン
あい		そる/そらす	いた
相談(そうだん) 首相(しゅしょう) 相手(あいて)	感想(かんそう) 思想(しそう) 理想(りそう)	反省(はんせい) 反対(はんたい) 違反(いはん) 反(そ)らす	看板(かんばん) 鉄板(てっぱん) 板(いた)

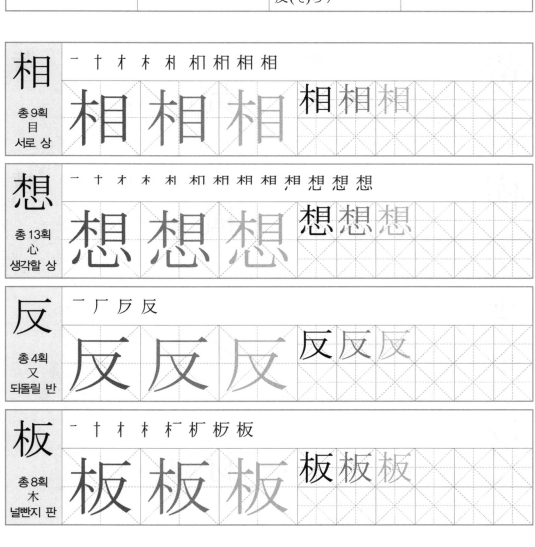

相 총 9획 目 서로 상

一 十 才 木 相 相 相 相 相

相 相 相 相 相 相

想 총 13획 心 생각할 상

一 十 才 木 相 相 相 相 想 想 想 想

想 想 想 想 想 想

反 총 4획 又 되돌릴 반

一 厂 反 反

反 反 反 反 反 反

板 총 8획 木 널빤지 판

一 十 才 木 朾 朾 板 板

板 板 板 板 板 板

389	390	391	392
黄	横	才	材
オウ/コウ	オウ	サイ	ザイ
き	よこ		
黄金(おうごん)	横断(おうだん)	才能(さいのう)	材料(ざいりょう)
黄沙(こうさ)	横(よこ)	天才(てんさい)	人材(じんざい)
黄色(きいろ)	横顔(よこがお)	秀才(しゅうさい)	取材(しゅざい)

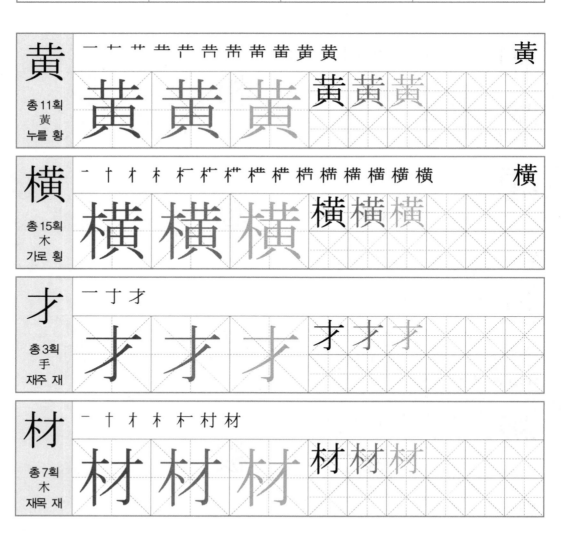

黄　総11획　黄　누를 황
一 十 サ 芸 芦 芦 芾 莆 黄 黄 黄　黄

横　총15획　木　가로 횡
一 十 オ 木 栏 栏 栏 椚 梼 楛 構 構 横 横　横

才　총3획　手　재주 재
一 十 才

材　총7획　木　재목 재
一 十 オ 木 木 村 材

393	394	395	396
産	農	商	業
サン	ノウ	ショウ	ギョウ/ゴウ
うむ		あきなう/あきない	わざ
産業(さんぎょう) 財産(ざいさん) 産(う)む	農家(のうか) 農業(のうぎょう) 農民(のうみん)	商売(しょうばい) 商品(しょうひん) 商店(しょうてん) 商(あきな)い	授業(じゅぎょう) 職業(しょくぎょう) 善業(ぜんごう) 業(わざ)

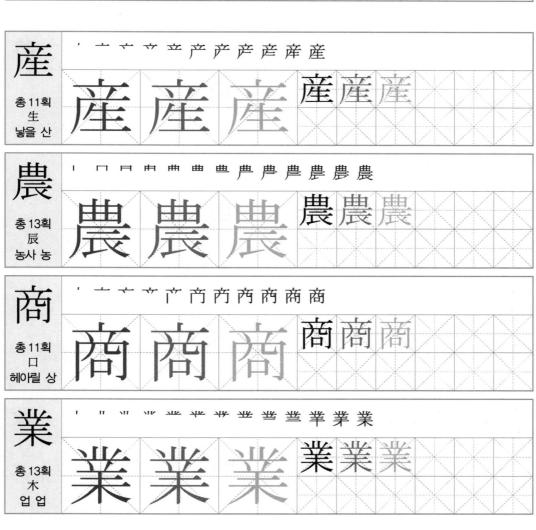

産 총 11획 生 낳을 산

農 총 13획 辰 농사 농

商 총 11획 口 헤아릴 상

業 총 13획 木 업 업

397	398	399	400
将	軍	兵	隊
ショウ	グン	ヘイ/ヒョウ	タイ
将軍(しょうぐん) 将来(しょうらい) 大将(たいしょう)	軍人(ぐんじん) 軍隊(ぐんたい) 陸軍(りくぐん)	兵役(へいえき) 兵隊(へいたい) 兵庫(ひょうご)	隊員(たいいん) 自衛隊(じえいたい) 部隊(ぶたい)

将 총10획 寸 장차 장

軍 총9획 車 군사 군

兵 총7획 八 군사 병

隊 총12획 阜 대 대

401	402	403	404
委	議	係	員
イ	ギ	ケイ	イン
ゆだねる		かかる/かかり	
委員 (いいん)	議論 (ぎろん)	関係 (かんけい)	全員 (ぜんいん)
委任 (いにん)	会議 (かいぎ)	係 (かか)る	定員 (ていいん)
委 (ゆだ)ねる	抗議 (こうぎ)	係員 (かかりいん)	満員 (まんいん)

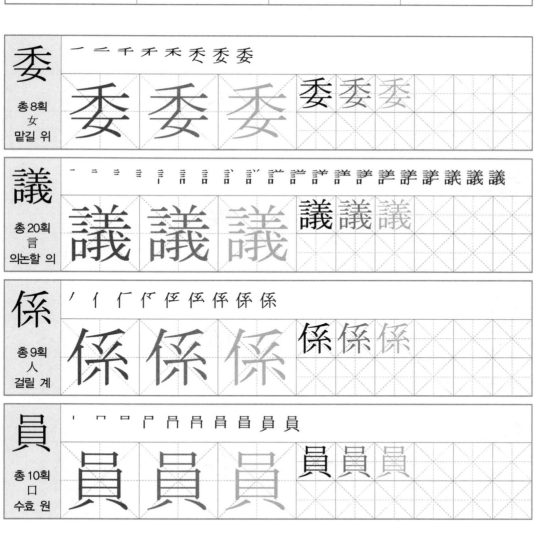

委　총8획　女　맡길 위
一 二 千 矛 禾 秃 委 委

議　총20획　言　의논할 의
丶 亠 亠 亖 言 言 言 訃 訃 訐 詳 詳 誥 誥 議 議 議

係　총9획　人　걸릴 계
丿 亻 亻 亻 俘 係 係 係 係

員　총10획　口　수효 원
丨 冂 冂 冂 尸 昌 昌 員 員 員

405	406	407	408
夫	妻	童	客
フ/(フウ)	サイ	ドウ	キャク
おっと	つま	わらべ	
夫妻(ふさい) 夫婦(ふうふ) 夫(おっと)	妻子(さいし) 妻(つま) 人妻(ひとづま)	童話(どうわ) 児童(じどう) 童(わらべ)	お客(きゃく)さん 客室(きゃくしつ) 客観的(きゃっかんてき)

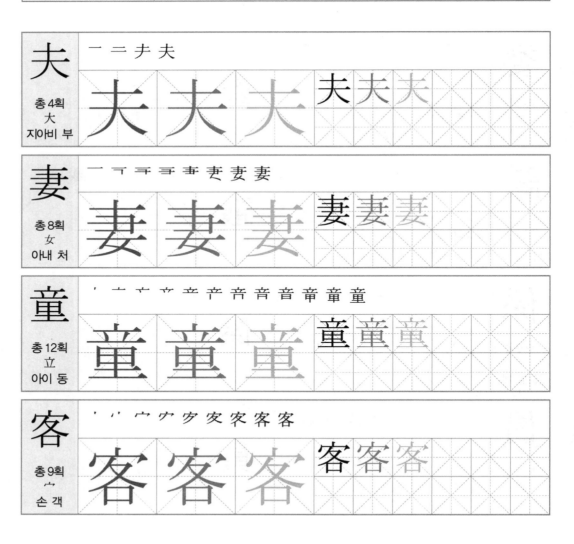

夫　一 二 チ 夫
총4획
大
지아비 부

妻　一 ㄱ ㅋ ㅋ 韦 妻 妻 妻
총8획
女
아내 처

童　⼀ 亠 立 产 产 音 音 音 童 童 童
총12획
立
아이 동

客　丶 丷 宀 宀 �ళ 宓 客 客 客
총9획
宀
손 객

409	410	411	412
起	発	求	成
キ	ハツ/ホツ	キュウ	セイ
おきる/おこる		もとめる	なる/なす
起用 (きよう) 起 (お)きる 起 (お)こる	発明 (はつめい) 発達 (はったつ) 発端 (ほったん)	求人 (きゅうじん) 要求 (ようきゅう) 求 (もと)める	成功 (せいこう) 成 (な)る 成 (な)す

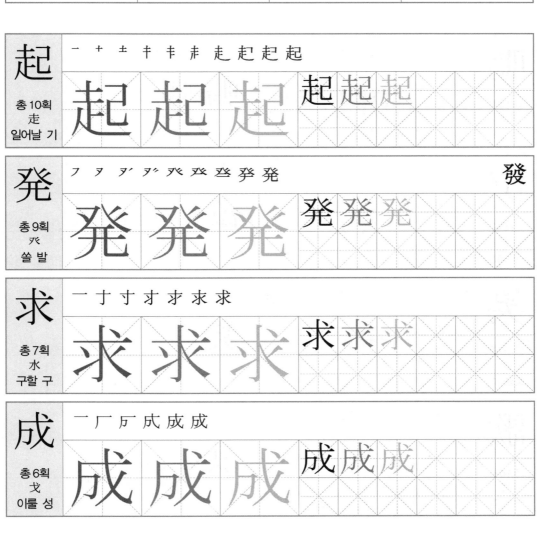

起　총 10획　走　일어날 기
一 十 土 キ キ 丰 走 起 起 起
起 起 起 起 起 起

発　총 9획　癶　쏠 발
フ ヌ ヌ ヌ 癶 癶 癶 癶 発　　　發
発 発 発 発 発 発

求　총 7획　水　구할 구
一 十 寸 才 才 求 求
求 求 求 求 求 求

成　총 6획　戈　이룰 성
一 厂 厂 成 成 成
成 成 成 成 成 成

413	414	415	416
鳴	泣	笑	歌
メイ	キュウ	ショウ	カ
なく/なる/ならす	なく	わらう/えむ	うた/うたう
悲鳴(ひめい) 鳴(な)く 鳴(な)る 鳴(な)らす	泣(な)く 泣(な)き虫(むし)	笑話(しょうわ) 笑(わら)う 笑顔(えがお)	歌手(かしゅ) 歌(うた) 歌声(うたごえ) 歌(うた)う

鳴
총14획
鳥
울 명

丨 冂 冂 叮´ 叮́ 叮 叮 咱 咱 鳴 鳴 鳴 鳴 鳴

鳴 鳴 鳴 鳴 鳴 鳴

泣
총8획
水
울 읍

丶 丶 氵 汋 汸 汸 泣 泣

泣 泣 泣 泣 泣 泣

笑
총10획
竹
웃을 소

丿 𠂉 ⺮ ⺮ ⺮⺮ 竺 竺 笑

笑 笑 笑 笑 笑 笑

歌
총14획
欠
노래 가

一 ⼓ 可 可 哥 哥 哥 哥 哥 哥 歌 歌 歌 歌

歌 歌 歌 歌 歌 歌

417	418	419	420
宮	館	庫	港
キュウ/グウ	カン	コ	コウ
みや	やかた		みなと
宮殿(きゅうでん) 神宮(じんぐう) 宮(みや)	図書館(としょかん) 旅館(りょかん) 館(やかた)	車庫(しゃこ) 倉庫(そうこ) 冷蔵庫(れいぞうこ)	開港(かいこう) 空港(くうこう) 港(みなと)

宮 총 10획 宀 집 궁

` ` 宀 宀 宀 宀 宀 宀 宀 宮 宮

宮 宮 宮 宮 宮 宮

館 총 16획 食 객사 관

丿 𠆢 𠆢 𠆢 今 今 食 食 𠆢 𠆢 𠆢 𠆢 館 館 館 館 館

館 館 館 館 館 館

庫 총 10획 广 곳집 고

` 宀 广 广 广 庐 庐 庐 宣 庫

庫 庫 庫 庫 庫 庫

港 총 12획 水 항구 항

丶 丶 氵 氵 汁 泄 泄 泄 洪 洪 港 港 港

港 港 港 港 港 港

부록

字

読 字 力 ゆ ツ 教 花 ろ あ ふ 学 ル な 来
ひ 国 道

安 あ	以 い	宇 う	衣 え	於 お
加 か	幾 き	久 く	計 け	己 こ
左 さ	之 し	寸 す	世 せ	曾 そ
太 た	知 ち	川 つ	天 て	止 と
奈 な	仁 に	奴 ぬ	祢 ね	乃 の
波 は	比 ひ	不 ふ	部 へ	保 ほ
末 ま	美 み	武 む	女 め	毛 も
也 や		由 ゆ		与 よ
良 ら	利 り	留 る	礼 れ	呂 ろ
和 わ	遠 を	无 ん		

阿 ア	伊 イ	宇 ウ	江 エ	於 オ
加 カ	幾 キ	久 ク	介 ケ	己 コ
散 サ	之 シ	須 ス	世 セ	曾 ソ
多 タ	千 チ	川 ツ	天 テ	止 ト
奈 ナ	仁 ニ	奴 ヌ	祢 ネ	乃 ノ
八 ハ	比 ヒ	不 フ	部 ヘ	保 ホ
万 マ	三 ミ	牟 ム	女 メ	毛 モ
也 ヤ		由 ユ		与 ヨ
良 ラ	利 リ	流 ル	礼 レ	呂 ロ
和 ワ	乎 ヲ	尔 ン		

3. 한자 부수 일람 및 한국어와 일본어 명칭

[ ]는 일본어 한자체의 부수임.

부수	한국어 명칭	일본어 명칭
1획		
一	한 일	いち
丨	뚫을 곤	ぼう・たてぼう
丶	불똥 주·점	てん
丿	삐칠 별·삐침	の・はらいぼう
乙	새 을	おつ・おつにょう
亅	갈고리 궐	はねぼう
2획		
二	두 이	に
亠	머리 두·돼지해머리	なべぶた・けいさんかんむり
人(亻)	사람 인(사람인변)	ひと(にんべん)・ひとがしら
儿	걷는 사람 인	ひとあし・にんにょう
入	들 입	いる・いりがしら
八	여덟 팔	はち
冂	멀 경	けいがまえ・えんがまえ
冖	민갓머리	わかんむり
冫	이수변	にすい
几	안석 궤·책상 궤	つくえ
凵	위 터진 입구	うけばこ
刀(刂)	칼 도(선칼도방)	かたな(りっとう)
力	힘 력	ちから
勹	쌀 포	つつみがまえ
匕	비수 비	さじのひ
匚	상자 방·터진 입구	はこがまえ
匸	터진 에운담	かくしがまえ
十	열 십	じゅう
卜	점 복	ぼくのと
卩(㔾)	병부 절	ふしづくり
厂	민엄호	がんだれ

부수	한국어 명칭	일본어 명칭
厶	마늘 모	む
又	또 우	また
3획		
口	입 구	くち·くちへん
囗	큰 입 구	くに·くにがまえ
土	흙 토	つち·つちへん
士	선비 사	さむらい
夂	뒤져올 치	ふゆがしら
夊	천천히 걸을 쇠발	すいにょう·なつあし
夕	저녁 석	ゆうべ
大	큰 대	だい
女	계집 녀	おんな·おんなへん
子	아들 자	こへん
宀	갓머리	うかんむり
寸	마디 촌	すん
小	작을 소	ちいさい·しょうがしら
尢(兀·尣)	절름발이 왕	まげあし
尸	주검시엄	しかばね
屮	왼손 좌	てつ·くさのめ
山	메 산	やま·やまへん
川·巛	내 천·개미허리	かわ·まがりがわ
工	장인 공	たくみ
己	몸 기	おのれ
巾	수건 건	はば·きんべん
干	방패 간	ほす·いちじゅう
幺	작을 요	いとがしら
广	엄호	まだれ
廴	민책받침	えんにょう
廾	스물 입발	にじゅうあし
弋	주살 익	よく·しきがまえ
弓	활 궁	ゆみ·ゆみへん
彑(彑·彐)	터진 가로 왈	けいがしら·いのこがしら
彡	터럭 삼	さんづくり
彳	두인변	ぎょうにんべん

부수	한국어 명칭	일본어 명칭
	4획	
心(忄)	마음 심(심방변)	こころ(りっしんべん)
戈	창 과	かのほこ・ほこがまえ
戸	지게 호·문 호	とびらのと・とだれ・とかんむり
手(扌)	손 수(재방변)	て(てへん)
支	지탱할 지	しにょう
攴(攵)	등글월 문	ぼくづくり・とまた・のぶん
文	글월 문	ぶん
斗	말 두	とます・ます
斤	도끼 근(낫근변)	きん・おの
方	모 방	ほう・ほうへん
无(旡)	없을 무(이미기방)	すでのつくり
日	날 일	ひ・にち・にちへん
曰	가로 왈	ひらび・いはく
月	달 월	つき・つきへん
木	나무 목	き・きへん
欠	하품 흠	かける・あくび
止	그칠 지	とめる・とめへん
歹(歺)	죽을사변	いちたへん・しにがまう
殳	갖은 등글월 문	るまた・ほこづくり
毋	말 무	なかれ
比	견줄 비	ひ・ならびひ・くらべる
毛	터럭 모	け
氏	성씨 씨·각시 씨	うじ
气	기운 기 엄	きがまえ
水(氵·氺)	물 수(삼수변·아래물수)	みず(さんずい・したみず)
火(灬)	불 화(연화발)	ひ・ひへん(れっか・れんが)
爪(爫)	손톱 조	つめ(そうにょう・つめかんむり)
父	아비 부	ちち
爻	점괘 효	こう
爿	장수 장변	しょう・しょうへん
片	조각 편	かた・かたへん
牙	어금니 아	きば・きばへん
牛(牜)	소 우	うし(うしへん)

부수	한국어 명칭	일본어 명칭
犬(犭)	개 견(개사슴록변)	いぬ(けものへん)
5획		
玄	검을 현	ゲン
玉(王)	구슬 옥(구슬옥변)	たま(たまへん・おうへん)
瓜	오이 과	うり
瓦	기와 와	かわら
甘	달 감	かん・あまい
生	날 생	せい・しょう・いきる・うまれる
用	쓸 용	よう・もちいる
田	밭 전	た・たへん
疋	발 소·짝필변	ひき・ひきへん
疒	병들 녁·병질엄	やまいだれ
癶	걸을 발·필발머리	はつがしら
白	흰 백	しろ・しろへん
皮	가죽 피	けがわ・ひのかわ
皿	그릇 명	さら
目(罒)	눈 목	め・めへん(よこめ)
矛	창 모	ほこ・ほこへん
矢	화살 시	や・やへん
石	돌 석	いし・いしへん
示(礻)	보일 시(보일시변)	しめす・しめすへん(ねへん)
禸	짐승발자국 유	ぐうのあし
禾	벼 화	いね・いねへん
穴	구멍 혈	あな・あなかんむり
立	설 립	たつ・たつへん
6획		
竹	대 죽	たけ・たけかんむり
米	쌀 미	こめ・こめへん
糸	실 사	いと・いとへん
缶	장군 부	ほとぎ・ほとぎへん
网(罒·罓· 罓)	그물 망(그물망머리)	あみめ(あみがしら・よんがしら)
羊	양 양	ひつじ・ひつじへん
羽	깃 우	はね

부수	한국어 명칭	일본어 명칭
老(耂)	늙을 로(늙을로변)	おいる(おいかんむり)
而	말 이을 이	しこうして・しかして
耒	쟁기 뢰	らいすき・すきへん
耳	귀 이	みみ・みみへん
聿	붓 율	いつ・ふでづくり
肉(月)	고기 육(육달월변)	にく(にくづき)
臣	신하 신	しん
自	스스로 자	じ・みずから
至	이를 지	いたる・いたるへん
臼	절구 구	うす
舌	혀 설	した・したへん
舛	어그러질 천	まいあし・ます
舟	배 주	ふね・ふねへん
艮	머무를 간	こんづくり・ごんづくり・ねづくり
色	빛 색	いろ
艸(艹)	풀 초·초두머리	くさ・くさかんむり
虍	범 호엄	とらかんむり・とらがしら
虫	벌레 충	むし・むしへん
血	피 혈	ち
行	다닐 행	ゆきがまえ・ぎょうがまえ
衣(衤)	옷 의(옷의변)	ころも(ころもへん)
襾(西)	덮을 아	おおいかんむり(にし)
7획		
見	볼 견	みる
角	뿔 각	つの・つのへん
言	말씀 언	ことば・げん・ごんべん
谷	골 곡	たに・たにへん
豆	콩 두	まめ・まめへん
豕	돼지 시	いのこ・いのこへん・ぶた
豸	발 없는 벌레 치	むじなへん
貝	조개 패	かい・かいへん・こがい
赤	붉을 적	あか・あかへん
走	달아날 주	はしる・そうにょう
足(𧾷)	발 족(발족변)	あし・あしへん

부수	한국어 명칭	일본어 명칭
身	몸 신	み・みへん
車	수레 거	くるま・くるまへん
辛	매울 신	しん・からい
辰	별 진	しんのたつ
辵(辶)	책받침	しんにょう・しんにゅう
邑(阝)	고을 읍(우부방)	むら・おおざと
酉	닭 유	とりへん・さけのとり・とり
釆(采)	분별할 채	のごめ・のごめへん
里	마을 리	さと・さとへん
8획		
金	쇠 금	かね・かねへん
長(镸)	긴 장(긴장변)	ながい
門	문 문	もん・もんがまえ・かどがまえ
阜(阝)	언덕 부(좌부방)	おか(こざとへん)
隶	밑 이・미칠 이	れいづくり
隹	새 추	ふるとり
雨	비 우	あめ・あめかんむり
靑[青]	푸를 청	あお
非	아닐 비	あらず・ひ
9획		
面	낯 면	めん
革	가죽 혁	かわへん・つくりがわ
韋	가죽 위	なめしがわ
韭	부추 구	にら
音	소리 음	おと・おとへん
頁	머리 혈	おおがい
風	바람 풍	かぜ
飛	날 비	とぶ
食(飣)[飠]	밥 식(밥식변)	しょく・しょくへん
首	머리 수	くび
香	향기 향	かおり・か
10획		
馬	말 마	うま・うまへん
骨	뼈 골	ほね・ほねへん

부수	한국어 명칭	일본어 명칭
高	높을 고	たかい
髟	터럭 발엄	かみかんむり・かみがしら
鬥	싸움 투	とうがまえ・たたかいがまえ
鬯	술 창·울창주 창	ちょう・においざけ
鬲	솥 력	かなえ・れき
鬼	귀신 귀	おに・きにょう
11획		
魚	물고기 어	うお・さかな・うおへん
鳥	새 조	とり・とりへん
鹵	소금밭 로	しお・ろ
鹿	사슴 록	しか
麥[麦]	보리 맥	むぎ・ばくにょう
麻	삼 마	あさ・あさかんむり
12획		
黃[黄]	누를 황	き・きいろ
黍	기장 서	きび
黑[黒]	검을 흑	くろ
黹	바느질할 치	ぬいとり・ふつへん・ち
13획		
黽	맹꽁이 맹	べんあし・かえる・べん
鼎	솥 정	かなえ・てい
鼓	북 고	つづみ
鼠	쥐 서	ねずみ・ねずみへん
14획		
鼻	코 비	はな・はなへん
齊[斉]	가지런할 제	せい
15획		
齒[歯]	이 치	は・はへん
16획		
龍[竜]	용 룡	りゅう
龜[亀]	거북 귀	かめ
17획		
龠	피리 약	やく・ふえ

4. 일본 초등학교 학년별 교육한자 일람

1학년 – 80字

一 右 雨 円 王 音 下 火 花 貝 学 気 九 休 玉 金 空 月 犬 見
五 口 校 左 三 山 子 四 糸 字 耳 七 車 手 十 出 女 小 上 森
人 水 正 生 青 夕 石 赤 千 川 先 早 草 足 村 大 男 竹 中 虫
町 天 田 土 二 日 入 年 白 八 百 文 木 本 名 目 立 力 林 六

2학년 – 160字

引 羽 雲 園 遠 何 科 夏 家 歌 画 回 会 海 絵 外 角 楽 活 間
丸 岩 顔 汽 記 帰 弓 牛 魚 京 強 教 近 兄 形 計 元 言 原 戸
古 午 後 語 工 公 広 交 光 考 行 高 黄 合 谷 国 黒 今 才 細
作 算 止 市 矢 姉 思 紙 寺 自 時 室 社 弱 首 秋 週 春 書 少
場 色 食 心 新 親 図 数 西 声 星 晴 切 雪 船 線 前 組 走 多
太 体 台 地 池 知 茶 昼 長 鳥 朝 直 通 弟 店 点 電 刀 冬 当
東 答 頭 同 道 読 内 南 肉 馬 売 買 麦 半 番 父 風 分 聞 米
歩 母 方 北 毎 妹 万 明 鳴 毛 門 夜 野 友 用 曜 来 里 理 話

3학년 – 200字

悪 安 暗 医 委 意 育 員 院 飲 運 泳 駅 央 横 屋 温 化 荷 開
界 階 寒 感 漢 館 岸 起 期 客 究 急 級 宮 球 去 橋 業 曲 局
銀 区 苦 具 君 係 軽 血 決 研 県 庫 湖 向 幸 港 号 根 祭 皿
仕 死 使 始 指 歯 詩 次 事 持 式 実 写 者 主 守 取 酒 受 州
拾 終 習 集 住 重 宿 所 暑 助 昭 消 商 章 勝 乗 植 申 身 神
真 深 進 世 整 昔 全 相 送 想 息 速 族 他 打 対 待 代 投 題 島
炭 短 談 着 注 柱 丁 帳 調 配 倍 箱 畑 定 庭 笛 鉄 転 都 度 豆 島
湯 登 等 動 童 農 波 配 服 福 物 平 発 反 坂 板 皮 悲 美 鼻 筆
氷 表 秒 病 品 負 部 服 福 物 平 返 勉 放 味 命 礼 面 問 役 薬
由 油 有 遊 予 羊 洋 葉 陽 様 落 流 旅 両 緑 礼 列 練 路 和

4학년 – 200字

愛 案 以 衣 位 囲 胃 印 英 栄 塩 億 加 果 貨 課 芽 改 械 害
街 各 覚 完 官 管 関 観 願 希 季 紀 喜 旗 器 機 議 求 泣 救
給 挙 漁 共 協 鏡 競 極 訓 軍 郡 径 型 景 芸 欠 結 建 健 験
固 功 好 候 航 康 告 差 菜 最 材 昨 札 刷 殺 察 参 産 散 残
士 氏 史 司 試 児 治 辞 失 借 種 周 祝 順 初 松 笑 唱 焼 象
照 賞 臣 信 成 省 清 静 席 積 折 節 説 浅 戦 選 然 争 倉 巣
束 側 続 卒 孫 帯 隊 達 単 置 仲 敗 梅 博 飯 低 底 停 的 典 伝
徒 努 灯 堂 働 特 得 毒 熱 念 敗 望 牧 飛 費 必 票 標 民 老 不
夫 付 府 副 粉 兵 別 辺 変 便 包 法 望 牧 末 満 未 脈 民 無
約 勇 要 養 浴 利 陸 良 料 量 輪 類 令 冷 例 歴 連 老 労 録

圧	移	因	永	営	衛	易	益	液	演	応	往	桜	恩	可	仮	価	河	過	賀
快	解	格	確	額	刊	幹	慣	眼	基	寄	規	技	義	逆	久	旧	居	許	境
均	禁	句	群	経	潔	件	券	険	検	限	現	減	故	個	護	効	厚	耕	鉱
構	興	講	混	査	再	災	妻	採	際	在	財	罪	雑	酸	賛	支	志	枝	師
資	飼	示	似	識	質	舎	謝	授	修	述	術	準	序	招	承	証	条	状	常
情	織	職	制	性	政	勢	精	製	税	責	績	接	設	舌	絶	銭	祖	素	総
造	像	増	則	測	属	率	損	退	貸	態	団	断	築	張	提	程	適	敵	統
銅	導	徳	独	任	燃	能	破	犯	判	版	比	肥	非	備	俵	評	貧	布	婦
富	武	復	複	仏	編	弁	保	墓	報	豊	防	貿	暴	務	夢	迷	綿	輸	余
預	容	略	留	領															

異	遺	域	宇	映	延	沿	我	灰	拡	革	閣	割	株	干	巻	看	簡	危	机
貴	揮	疑	吸	供	胸	郷	勤	筋	系	敬	警	劇	激	穴	絹	権	憲	源	厳
己	呼	誤	后	孝	皇	紅	降	鋼	刻	穀	骨	困	砂	座	済	裁	策	冊	蚕
至	私	姿	視	詞	誌	磁	射	捨	尺	若	樹	収	宗	就	衆	従	縦	縮	熟
純	処	署	諸	除	将	傷	障	城	蒸	針	仁	垂	推	寸	盛	聖	誠	宣	専
泉	洗	染	善	奏	窓	創	装	層	操	蔵	臓	存	尊	宅	担	探	誕	段	暖
値	宙	忠	著	庁	頂	潮	賃	痛	展	討	党	糖	届	難	乳	認	納	脳	派
拝	背	肺	俳	班	晩	否	批	秘	腹	奮	並	陛	閉	片	補	覧	暮	宝	亡
忘	棒	枚	幕	密	盟	模	訳	郵	優	幼	欲	翌	乱	卵	裏	律	臨	訪	朗
論																			

오 미 영 (吳美寧)

- 이화여자대학교 졸업
- 한국외국어대학교 일어일문학과 석사과정
- 일본 北海道大学 문학연구과 박사과정
- 문학박사
- 2003 ~ 숭실대학교 일어일문학과 교수
- 일본어학(일본어사, 한문훈독)

개정판

일본어 한자쓰기 - 기초 420 -

개정판 1쇄 인쇄	2022년 08월 22일
개정판 1쇄 발행	2022년 08월 29일

저 자	오미영
발 행 인	윤석현
발 행 처	제이앤씨
책임편집	최인노
등록번호	제7-220호

우편주소	서울시 도봉구 우이천로 353 성주빌딩
대표전화	02) 992 / 3253
전 송	02) 991 / 1285
홈페이지	http://www.jncbms.co.kr
전자우편	jncbook@hanmail.net

ⓒ 오미영 2022. Printed in KOREA

ISBN 979-11-5917-200-7　　13730　　　　　　　　정가 8,000원